MONIKA SOHNEG-ACHHORNER

# SCHOKOLADE, EIS & KONFEKT SELBSTGEMACHT



Stocker
StV

Monika Sohneg-Achhorner

# Schokolade Eis & Konfekt Selbstgemacht

Leopold Stocker Verlag
Graz – Stuttgart

Umschlaggestaltung: Anita Schöberl, Graz

Umschlagfoto: Günter Hauer, Graz

Die Fotos im Textteil wurden dem Verlag freundlicherweise von der Autorin zur Verfügung gestellt.

**Bibliografische Information Der Deutschen Bibliothek**
Die Deutsche Bibliothek verzeichnet diese Publikation in der Deutschen Nationalbibliografie; detaillierte bibliografische Daten sind im Internet über http://dnb.ddb.de abrufbar.

**Hinweis:**
Dieses Buch wurde auf chlorfrei gebleichtem Papier gedruckt.
Die zum Schutz vor Verschmutzung verwendete Einschweißfolie ist aus Polyethylen chlor- und schwefelfrei hergestellt. Diese umweltfreundliche Folie verhält sich grundwasserneutral, ist voll recyclingfähig und verbrennt in Müllverbrennungsanlagen völlig ungiftig.

ISBN 3-7020-1013-0

Printed in Austria
Gesamtherstellung: Druckerei Theiss GmbH, A-9431 St. Stefan

# INHALT

# Danksagung

Ganz besonderer Dank gilt meinem Gatten Andreas und meinen Eltern, die sehr viel Geduld und Kostproben auf sich nehmen mußten, sowie meiner kleinen Tochter Madeleine, die brav und ruhig schlief, während ich schrieb.

Größte Aufmerksamkeit möchte ich auch auf die Landwirtschaftskammer Linz, im besonderen die Abteilung für Ernährung (Karin Wolkerstorfer und Romana Schneider), richten und meinen herzlichsten Dank für die liebevolle Unterstützung aussprechen. Ebenso meiner besten Freundin Renate Rumplmair, die immer für mich da ist.

Weiters Lisa und Franziska Perner, die mich ebenfalls herzhaft unterstützten. Schließlich allen meinen Mitarbeitern, den Betrieben, Seminarteilnehmern und Freunden, die mich stets unterstützten, mir den Weg für Neues öffneten und mir Wissen vermittelten.

*Monika Sohneg-Achhorner*

# Vorwort



Schon als Kind war ich als Schleckermäulchen bekannt! Jeder wußte, wie ich um den Finger zu wickeln war – ein herzhaftes Stück Schokolade oder Süßes, und die Welt war in Ordnung. Und dies ist mir bis heute geblieben.

Mit größter Freude stürzte ich mich über mein Kochbuch und fing an, meiner Fantasie und Kochleidenschaft freien Lauf zu lassen.

Ich war bei der Auswahl der Rezepte stets darauf bedacht, daß sie von jedem leicht zuzubereiten und nachzumachen sind.

Während meiner Arbeit als Köchin und Küchenchefin entwickelte ich im Laufe der Zeit eine ganz extreme „Probierphase"; an meinen Mitarbeitern und Lehrlingen konnte ich da jedesmal ein leichtes Schmunzeln von den Lippen ablesen, aber am Ende wurde gemeinsam die Begeisterung gefeiert. Ich erinnere mich sehr gerne an diese wunderschönen, lehrreichen Jahre zurück, wo man abends mit dem Kochlöffel schlafen ging und morgens wieder damit aufstand!

Seit einigen Jahren bin ich mit Leib und Seele „Seminarbäuerin"; die Arbeit mit den Menschen macht mir sehr viel Spaß und beflügelt mich geradezu zu immer neuen Inspirationen.

Es war schon lange mein persönlicher Wunsch und auch der meiner vielen treuen Gäste (in der Zeit als aktive Küchenchefin), Seminarteilnehmer, Mitarbeiter, auch meiner Familie und Freunde, ein Kochbuch zu schreiben.

Ich wollte immer das *besondere* Kochbuch schreiben, und dies ist mir, so denke ich, auch gelungen, da uralte Rezepte neu gestaltet und viele der Rezepte überhaupt erst von mir kreiert wurden.

Dieses Kochbuch soll Sie rund um den Jahreslauf begleiten – von der Zeit der weihnachtlichen Besinnlichkeit über den schöpferischen Frühling bis hin zum Sommer mit seinen zartschmel-

VORWORT

zenden Genüssen und dem Herbst mit seinen farbenprächtigen Früchten.

Ich wünsche Ihnen viel Freude beim Ausprobieren, geben Sie Ihre eigene Note an Kreativität hinzu, gewürzt mit 2 Eßlöffeln Herzlichkeit, einer Handvoll Humor und Frohsinn sowie 1–2 gehäuften Teelöffeln Heiterkeit, und kurz vor dem Servieren wird das ganze mit reichlich Liebe übergossen.

*Monika Sohneg-Achhorner*

# Schokolade

SCHOKOLADE

## Was wird zur Herstellung von „hausgemachter“ Schokolade benötigt?

- **Gute Grundprodukte**
- **Topf**
- **Schneebesen**
- **Kochlöffel**
- **Kleine Formen**
- **Kühlschrank oder Tiefkühlfach**
- **... und Fantasie!**

## Welche Schokolade-Sorten können hergestellt werden?

Ich verwende sehr gerne Kräuter, z. B. Melisse, Duftgeranien, Minze, Zitronenverbene, Lavendelblüten, Ananassalbei, Basilikum.

*Grundzutaten für die Schokolade-erzeugung – Zucker, Kakaopulver und Butter*

Ist doch ein herrliches Mitbringsel, eine selbstgemachte Schokolade mit Duftgeranien, oder?
Weiters experimentiere ich mit Gewürzen aus aller Welt, z. B. Ingwer, Zimt, Lebkuchengewürz, Nelken, Vanille, Muskat.
Auch Früchte lassen sich wunderbar in die Schokolade einarbeiten: Dörrfrüchte, kandierte Früchte, Fruchtgelees – und natürlich auch Nüsse, Kürbiskerne, Mandeln, Schnäpse, Liköre, Rum…
Kochen ist so etwas Fantasievolles, und genau darum sollte man nicht an den Rezepten hängenbleiben, sondern seinem Einfallsreichtum freien Lauf lassen, denn gerade dieser kleine persönliche Unterschied macht den besonderen Reiz von kulinarischen Köstlichkeiten aus!

## Die „besondere Schokolade" zu welchem Anlaß?

Selbstgemachte (schon fast vergessene) Schokolade ist immer mit der eigenen Handschrift versehen, und das ist schon etwas Besonderes. Verpackt in nettem Cellophan, in Papiersäckchen, versteckt in einem Blumenstrauß, in einem Geschenkskorb, auf einer Torte, im eigens gebastelten Karton oder Schachterl, zum Nachmittagskaffee auf einem Teller oder einer Serviette, zum Digestif am Platzteller, als Willkommensgruß im Stoff- oder Jutesackerl, einfach als Leckerbissen für die Liebsten…

*Formen für die Schokoladeabfüllung*

SCHOKOLADE

## *Tips zur Herstellung!*

- Die Zutaten dürfen nicht kochen, sondern sollten langsam erwärmt werden. (Die Schokolade erhält auf diese Weise einen schönen Glanz!)
- Schokolade immer im Kühlschrank aufbewahren!
- Bedenken Sie auch, daß die selbstgemachte Schokolade nur ein paar Monate haltbar ist, da das Fett dann ranzig wird!
- Frische Früchte sind als Zutaten nicht geeignet, da sie zuviel Wasser enthalten und die Schokolade wäßrig wird, außer, die Schokolade wird bald verzehrt (z. B. Bananen, Erdbeeren, Weintrauben...)
- Staubzucker eignet sich zur Verarbeitung besser als Kristallzucker, da er feiner ist.
- Die Formen, in die die Schokolade abgefüllt wird, sollten mit Kokosfett ausgestrichen und nicht mit Wasser ausgespült werden, da die Schokolade sonst matt wird und keinen schönen Glanz bekommt.

*Die Zutaten sollten nicht zu stark erhitzt werden*

# REZEPTE



## *Schokolade I*

*150 g Kokosfett • 80 g Kakaopulver • 1 Päckchen Vanillezucker • 200 g Staubzucker*

Fett in einem Topf schmelzen, die restlichen Zutaten dazugeben und langsam erwärmen. Die Masse in befettete Formen füllen und kühl stellen (durch leichtes Anwärmen läßt sich die Schokolade leicht aus den Formen stürzen) oder mit 2 Löffelchen auf ein Backblech kleine Häufchen setzen bzw. in Pralinenförmchen füllen und die Schokolade erstarren lassen.

## *Schokolade II*

*100 g Kokosfett • 50 g Kakaopulver • 1 Päckchen Vanillezucker • 150 g Staubzucker*

*Das Abfüllen der selbstgemachten Köstlichkeit*

SCHOKOLADE

Fett in einem Topf schmelzen, die restlichen Zutaten hinzufügen und langsam erwärmen. Die Masse in befettete Formen füllen und kühl stellen, (durch leichtes Anwärmen läßt sich die Schokolade leicht aus den Formen stürzen) oder nach kurzem Erstarren mit 2 Löffelchen auf ein Backblech kleine Häufchen setzen bzw. in Pralinenförmchen füllen und die Schokolade erstarren lassen.

**MEIN TIP:** Diese Schokolade kann durch Zugabe von Rum, Nüssen oder gerösteten Kokosflocken verfeinert werden.

## *Schokolade III*

*100 g Kokosfett • 50 g Kakaopulver • 1 Päckchen Vanillezucker • 150 g Staubzucker • 30 g Vanillepuddingpulver oder Maizena*

Das Kokosfett in einem Topf schmelzen, Puddingpulver oder Maizena dazugeben und unter ständigem Rühren aufquellen lassen. (Die Masse darf nicht kochen!!) Kurz überkühlen lassen, dann die restlichen Zutaten einrühren und die Masse in mit Fett ausgestrichene Formen füllen und erstarren lassen.

**MEIN TIP:** Schokolade, mit Stärke zubereitet, schmilzt nicht so leicht!

## *Erdbeerschokolade*

*125 g Erdbeeren • 350 g Gelierzucker • Schokolade I oder II*

Gelierzucker und die Erdbeeren vermischen, anschließend warten, bis sich der Zucker vollständig aufgelöst hat, und das Ganze danach bei mäßiger Hitze ca. 10 Min. unter Rühren kochen lassen. Die Masse in ein geschlossenes Blech oder eine Form gießen und

erstarren lassen. Das feste Gelee in Würfel schneiden oder mit dem Keksausstecher verschiedene Formen herstellen und bei Zimmertemperatur trocknen lassen.
Die überkühlte Schokolade in Pralinenförmchen gießen, einen Würfel Erdbeergelee einlegen, mit Schokolade auffüllen und erstarren lassen.

## *Zitronenschokolade*

*50 g gehacktes Zitronat • Schokolade I oder II*

Die überkühlte Schokolade mit dem gehackten Zitronat vermischen und in Pralinenförmchen gießen.

**MEIN TIP:** Anstelle des Zitronats können auch andere Dörrfrüchte oder kandierte Früchte verwendet werden.

## *Kürbiskern-Vanille-Schokolade*

*100 g Kokosfett • 50 g Kakaopulver • Mark von 1 Vanilleschote • 150 g Staubzucker • 50 g geröstete, gehackte Kürbiskerne*

Alle Zutaten zusammenmischen, langsam erwärmen und glattrühren. Diese Masse in befettete Formen füllen und kühl stellen (durch leichtes Erwärmen läßt sich die Schokolade auf einfache Weise aus den Formen stürzen) oder nach leichtem Festwerden mit 2 Löffelchen auf ein Backblech kleine Häufchen setzen, diese mit gehackten Kürbiskernen verzieren und erstarren lassen.

**MEIN TIP:** Anstelle der Kürbiskerne können auch Walnüsse oder Haselnüsse verwendet werden!

SCHOKOLADE

# *WISSENSWERTES – DIE KAKAOBOHNE*

„Kein zweites Mal hat die Natur eine solche Fülle der wertvollsten Nährstoffe auf einem so kleinen Raum zusammengedrängt wie gerade bei der Kakaobohne."

*Alexander von Humboldt (1769–1859)*

Die Kakaobohne wurde im alten Mexiko von dem indianischen Stamm der Olmeken ca. 1500 v. Chr. bis 400 v. Chr. kultiviert; aus dieser Zeit stammt auch das Wort „cacao", das „kakawa" ausgesprochen wurde.

Später – bis ca. 1500 n. Chr. – genossen die Mayas das „Braune Gold der Azteken" bereits als Schokolade in flüssiger Form, die nicht gesüßt, sondern zum Beispiel mit Chili zubereitet wurde.

Die Kakaobohne wurde in dieser Zeit sogar als Zahlungsmittel verwendet.

Erst viel später – ca. 1850 – wurde dem Kakaopulver die Kakaobutter beigemischt, dies war die Geburtsstunde der modernen Tafelschokolade. Zwanzig Jahre später wurde durch Beigabe von Milchpulver die Milchschokolade erfunden.

Die wissenschaftliche Bezeichnung des Kakaobaumes – „*Theobroma cacao*" – setzt sich aus zwei griechischen Wörtern zusammen: „theos" (Gott) und „broma" (Speise), was so viel wie die „Speise der Götter" bedeutet!

Jedenfalls begleitet uns die herzhafte Kakaobohne durch die gesamte Dessertküche, und gäbe es sie nicht, so würden wir nicht einmal die „Schokoladenseite des Lebens" kennen!

## Zwetschken-Zimt-Schokolade

*150 g Kokosfett • 130 g Kakaopulver • 1 Päckchen Vanillezucker • 70 g Staubzucker • 100 g faschierte Dörrzwetschken • Zimt • 2–3 EL Rum*

Alle Zutaten, bis auf die Dörrzwetschken, zusammenmischen, langsam erwärmen und glattrühren, danach die faschierten Dörrzwetschken unterrühren. Diese Masse in Pralinenförmchen füllen, mit gehackten Dörrzwetschken verzieren und erstarren lassen.

## Gewürzschokolade

*150 g Kokosfett • 80 g Kakaopulver • 1 Päckchen Vanillezucker • 200 g Staubzucker • 1 Messerspitze gemahlener Zimt • 1 Messerspitze gemahlene Nelken*

Alle Zutaten mischen, langsam erwärmen und glattrühren. Diese Masse in befettete Formen füllen und kühl stellen (durch leichtes Erwärmen läßt sich die Schokolade problemlos aus den Formen stürzen) oder mit 2 Löffelchen auf ein Backblech kleine Häufchen setzen und diese erstarren lassen.

## Vanilleschokolade

*150 g Kokosfett • 90 g Kakaopulver • 1 Päckchen Vanillezucker • 200 g Staubzucker • Mark von 1 Vanilleschote*

Alle Zutaten zusammenmischen, langsam erwärmen und glattrühren. Diese Masse in befettete Formen füllen und kühl stellen (durch leichtes Erwärmen läßt sich die Schokolade einfach aus den Formen stürzen) oder nach leichtem Festwerden mit 2 Löffelchen auf ein Backblech kleine Häufchen setzen und diese erstarren lassen.

SCHOKOLADE

SCHOKOLADE

## *Mandelschokolade*

*150 g Kokosfett • 90 g Kakaopulver • 1 Päckchen Vanillezucker • 200 g Staubzucker • 90 g geschälte, geröstete, grobgehackte Mandeln • 1–2 EL Amaretto (Mandellikör)*

Alle Zutaten miteinander vermengen, langsam erwärmen und glattrühren. Diese Masse in befettete Formen füllen und kühl stellen (durch leichtes Erwärmen läßt sich die Schokolade problemlos aus den Formen stürzen) oder nach leichtem Festwerden mit 2 Löffelchen auf ein Backblech kleine Häufchen setzen und diese erstarren lassen.

## *Rumschokolade*

*150 g Kokosfett • 120 g Kakaopulver • 1 Päckchen Vanillezucker • 200 g Staubzucker • 2–3 EL Rum*

Alle Zutaten vermischen, langsam erwärmen und glattrühren. Die Masse auf ein mit Backpapier ausgelegtes Blech streichen und erstarren lassen. Danach kleine Kreise ausstechen und mit den Händen zu kleinen Kugeln formen. Zur geschmacklichen Abrundung in Staubzucker oder gehackten Nüssen wälzen.

***Den Erzählungen meiner Mutter nach freuten sich die Kinder im Dorf auf die ersten Schneeflocken nicht nur wegen des Tobens im Schnee, sondern auch, weil es damit Zeit war, an die Herstellung der damals sehr selten zu bekommenden Schokolade zu gehen. Diese „erste" Schokolade war immer ein aufregendes und genußvolles Erlebnis zugleich.***

# EIS

## ...und andere zartschmelzende Genüsse

Ich habe bei der Zusammenstellung der Eisrezepte sehr viel Wert auf die Vielfalt gelegt und ganz bewußt auf die Verwendung einer Eismaschine verzichtet. Ich selbst bin nicht im Besitz eines solchen Gerätes, genieße aber dennoch rund um den Jahreslauf die hausgemachten Eiskreationen. Dabei spielt die leidenschaftliche Inspiration eine wesentliche Rolle.
Bei der Eisherstellung gibt es eine rasche Zubereitungvariante für die „ungeduldigen" Genießer, aber auch aufwendigere Rezepte für den „Vorratsschrank", wenn sich wieder einmal Besuch angesagt hat!
Drei Dinge sind immer wesentlich: das FETT (Milch, Schlagobers, Joghurt, Topfen, Buttermilch), das SÜSSUNGSMITTEL (Zucker, Honig, Zuckerblatt) und der NAMENSGEBENDE GRUNDSTOFF (Obst, Schokolade, Likör...).
Ich verwende natürliche Bindemittel wie Eier, Agar-Agar oder Gelatine, dies ist besonders bei Rezepturen mit viel Flüssigkeit notwendig, um ein Auseinanderlaufen zu verhindern.
Für Parfaits sollte auf ganze Früchte als Einlage verzichtet werden, da diese sehr fest frieren und sich nicht schneiden lassen.
Nicht nur in den Sommermonaten erfreut sich das „süße Gefrorene" größter Beliebtheit, auch in der kühleren Jahreszeit wird es als Krönung eines gelungenen Menüs oder einfach für zwischendurch gerne genossen. Ich lege mir daher in der Hochsaison der Früchtezeit immer einen kleinen Vorrat an, so daß ich das Eis jederzeit frisch zubereiten kann.

## Welche gefrorenen Köstlichkeiten gibt es?

- **Cremeeis**
- **Parfaits**
- **Sorbets/Granités**
- **Eisbomben**

- Eisrouladen
- Eistorten
- Eisomeletten

## Welche küchentechnischen Hilfsmittel benötigt man zur Eiserzeugung?

- Rührschüssel
- Mixer oder Küchenmaschine
- Schneebesen
- Töpfe
- Teigkarte
- Mixstab/Mixglas

*Frische Grundprodukte für die Eiserzeugung*

*Küchentechnische Hilfsmittel und Gerätschaften, die man zur Eiserzeugung benötigt*

- **Verschiedene Formen zum Einfrieren**
- **Tiefkühltruhe/-schrank**
- **Eisgläser**
- **Spritzsack und Tüllen**

Es ist vorteilhaft, sich ein paar Blechschüsseln zu besorgen, da die Zutaten bei manchen Rezepten über Dampf aufgeschlagen werden müssen und gerade diese Art von Schüsseln hervorragende Wärmeleiter sind. Gleichzeitig können sie für Eisbomben und Charlotten verwendet werden.

Für die Vollendung des „eisigen Genusses“ eignen sich einfache Rehrücken- oder Kastenformen aus Blech oder Porzellan, aber auch Glasschüsseln, die tiefgekühlt werden können. Wichtig ist es immer bei Blechgeschirr, dieses gut mit Frischhaltefolie auszukleiden, da es mit dem Milchprodukt oxidantisch wirkt (der äußere Rand wird schwarzblau); dies ist nicht nur für das Auge häßlich, sondern auch für unsere Gesundheit nicht von Vorteil.

# Welche Eissorten können hergestellt werden?

Gerade im Dessertbereich gehe ich mit offenen Augen durch die Natur, und genau dort finde ich die besten Produkte für meine Kreationen – seien es die prallen, saftigen Erdbeeren, die im Garten meiner Mutter wachsen, oder die Walderdbeeren am Waldrand, die mir das Wasser im Mund zusammenlaufen lassen, aber auch die frischen Kräuter, wie Minze oder Melisse, die durch den Duft betören, bis hin zu den Walnüssen, die den Herbst ansagen!
Aber auch Liköre, Schokolade, Kaffee, Lebkuchen, Gewürze wie Zimt, Vanille und vieles, vieles mehr lassen sich zu einem einmaligen Eiserlebnis verarbeiten.
Sind in einem Rezept Eier enthalten, so empfehle ich immer, ein kleines Gläschen Alkohol dazuzugeben, sei es einfach Rum oder sonstige Liköre.
Außer aus Aromazwecken bewirkt der Alkohol zudem, daß das Eis nicht zu fest gefriert.
Weiters sind der Fantasie keine Grenzen gesetzt, Sie werden dies in einigen Rezepten finden, sei es im Pfirsich-Ingwer-Sorbet oder im Schokoladeparfait mit Basilikum!
Möchte man auf Haushaltszucker verzichten, so eignen sich Traubenzucker und Honig für die Herstellung; bei Cremeeis verwende ich gerne das Zuckerblatt, eine hervorragende Pflanze, die eine sehr starke Süßkraft besitzt!

*Eisroulade – die 3-D-Optik*

EIS …

*Einfache Anrichteweise*

## Tips zum Anrichten!

Jede Art von Gläsern, Tassen, Tellern und Platten, ja sogar Rexgläser, sind modern zum Anrichten.
Weniger ist mehr – so lautet meine Devise! Ich als Köchin sehe mich oft als Malerin, die ein Bild kreiert und in den passenden Rahmen setzen muß. Das heißt jeder Teller hat einen Tellerrand (= der Bilderrahmen), dann folgt ca. 1cm Abstand (= Passepartout), und genau dort kann ich dann meine Kunstwerke plazieren.
Herrlich ist es, wenn ich ein Erdbeerparfait anrichte und mit frischen Erdbeeren garniere oder ein Schokoladesorbet, das ich mit Schokoblättchen kröne. Bei Parfaits ist es wichtig, diese ca. 5–10 Minuten vor dem Servieren aus dem Tiefkühlschrank zu nehmen und dann erst anzurichten – dadurch kann sich der volle Geschmack erst so richtig entfalten.
Schon im Frühling begleiten uns die süßen Gänseblümchen oder Himmelschlüsserln, gefolgt von der Kapuzinerkresse, Holunderblüten, Veilchen, Minzeblättern, Zitronenmelisse…, die sich vorzüglich als Dekoration eignen.
Mir ist es immer ein wichtiges Anliegen, daß nur „Eßbares" auf den Teller kommt. Ich denke, ein „Plastikblümchen" oder ähnliches findet sicher anderswo einen würdigen Platz.

Daß ein gefälliges Arrangement viel Kreativität erfordert, ist klar – ich nenne es immer, die 3-D-Optik auszuleben. Dazu wird das Gericht so angerichtet, daß es in die Höhe ragt. Das heißt: eine Eisroulade wird nicht – wie üblich – in Scheiben aufgeschnitten sondern quer und aufgestellt. Man kann diese Optik natürlich auch mit anderem Hilfswerk erreichen, indem man etwa Hippen aufstellt oder Strudelteigfahnen, Brandteiggitter bzw. Brandteiggebäck, Kekse, Waffeln, Schokoladesplitter und vieles mehr verwendet.

Auch Frucht-, Schokolade- oder Karamelsaucen aller Art passen bestens zu Eisparfaits, Eisbomben, Eisomeletten, Eistorten und Eisrouladen.

Für Sorbets und Cremeeis eignen sich alle Arten von Weingläsern, Limonadengläser, Glas-, Porzellanschüsserln, aber auch Tassen; vielleicht die aus Großmutters Schrank mit den herzigen Verzierungen! Auch da ist es wichtig, die Gefäße nicht bis zum Rand voll anzufüllen, sondern einen Rand von ca. 1/2 bis 1 cm frei zu lassen.

EIS . . .

# Eis-Rezepte

## *Vanilleeis*

*120 g Zucker oder 4–5 EL Honig • 450 ml Milch • 5 Eier • Mark von 1 Vanilleschote • 1/4 l Schlagobers*

Eier mit Zucker dickschaumig aufschlagen. Milch mit dem Vanillemark aufkochen, vom Herd nehmen und die Schaummasse vorsichtig unterrühren, danach bei kleinster Hitze unter Rühren erhitzen, bis die Masse am Kochlöffel hängenbleibt und eine Bindung entstanden ist. Kurz überkühlen und zum Schluß das nicht zu fest geschlagene Obers unterheben. In eine flache Schüssel füllen und frieren, von Zeit zu Zeit umrühren, damit die Eispartikel, die sich gebildet haben, eingerührt werden.

*Vanilleeis – der beliebte Klassiker*

## *Schokoladeeis*

*120 g Schokolade • 220 ml Milch • 1 Ei • 4–5 EL Honig • 1/4 l Schlagobers*

Milch erwärmen und die Schokolade darin schmelzen (sollte nicht kochen). Das Ei mit dem Honig schaumig aufschlagen und langsam die Milch-Schokoladen-Mischung einrühren, überkühlen lassen und zum Schluß das nicht zu fest geschlagene Schlagobers unterheben. In eine flache Schüssel füllen und frieren, von Zeit zu Zeit umrühren, damit die sich bildenden Eispartikel eingerührt werden.

**MEIN TIP:** Dieses Rezept kann mit sehr vielen Zutaten kombiniert und verfeinert werden: z. B. mit gehackten, gerösteten Nüssen oder Mandeln, mit Amaretto (Mandellikör), kleingeschnittenen Pralinen, Rumrosinen, kleingeschnittenen After Eight-Blättchen, kandierten Früchten, grobgebrochenen Keksen oder Waffeln…

## *Maronieis*

*50 g Schokolade • 220 ml Milch • 100 g Maronipüree (Kastanienreis) • 1 Ei • 4–5 EL Honig • 1/4 l Schlagobers*

Milch erwärmen, die Schokolade darin schmelzen und das Maronipüree einrühren. (Die Masse sollte nicht kochen.) Das Ei mit dem Honig schaumig aufschlagen und langsam die Milch-Schokolade-Maroni-Mischung einrühren, überkühlen lassen und zum Schluß das nicht zu fest geschlagene Schlagobers unterheben. In eine flache Schüssel füllen und frieren, von Zeit zu Zeit umrühren, damit die Eispartikel, die sich gebildet haben, eingerührt werden.

## *Karameleis*

*4 EL Staubzucker • 5 EL Wasser • 2 Dotter • 1/4 l Schlagobers*

Den Zucker mit ein paar Tropfen Wasser karamelisieren, danach das restliche Wasser dazugießen.
Eidotter schaumig rühren und langsam das Karamel unterrühren. Zum Schluß das geschlagene Obers unterheben und unter mehrmaligem Rühren frieren.

**MEIN TIP:** Zum Karamelisieren eignet sich am besten Staubzucker, da er leichter schmilzt. Es ist ganz wichtig, während des Schmelzens nicht umzurühren, da ansonsten kleine Klümpchen entstehen.

## *Vollkorneis*

*60 g Vollkornbrotbrösel • 60 g brauner Zucker • 1/4 l Schlagobers • 2–3 EL Honig • 1 Päckchen Vanillezucker*

Brösel auf ein Backblech geben, den braunen Zucker daraufstreuen und bei Oberhitze karamelisieren lassen. Die Zuckerbrösel auskühlen lassen und mit der Hand zerbröseln. Schlagobers schlagen, Honig und Vanillezucker einrühren und zum Schluß die Brösel unterheben und frieren.

## *Zimt-Nuß-Eis*

*100 g gemahlene Nüsse • 2–3 EL Honig • 1 TL Zimt • 1 Päckchen Vanillezucker • Saft von 1 Orange • 1 EL Rum • 1/4 l Schlagobers*

Die Nüsse in einer beschichteten Pfanne ohne Fett rösten und auskühlen lassen.
Das Obers nicht zu fest schlagen und unter die anderen Zutaten mischen. Entweder in Gläser füllen oder in eine Schüssel geben und halb frieren lassen.

**MEIN TIP:** Als Einlage eignen sich kandierte Früchte oder über Nacht in Alkohol (z. B. Rum) eingelegte kandierte Früchte.

## Eiscreme „soft" – das Wassereis

*200 g Zucker • 250 ml Wasser • 3 Eiweiß • 1/4 l Schlagobers*

Zucker mit Wasser ca. 5 Minuten leicht köcheln lassen. Das Eiweiß zu festem Schnee schlagen und unter Rühren das Zuckerwasser langsam dazugießen; die Masse weiterschlagen, bis das Eiweiß ganz fest ist. Dazu stellt man die Rührschüssel auf Eiswürfel, damit das Gemisch rasch abkühlt. Zum Schluß das geschlagene Obers unterheben und frieren.

**MEIN TIP:** Dieses Eis kann wunderbar mit kräftigem Kaffee, Orangen- oder Kirschwasser, Likören etc. verfeinert werden.

## Kürbiscremeeis

*120 g Zucker oder 4–5 EL Honig • 450 ml Milch • 5 Eier • Mark von 1 Vanilleschote • 1/4 l Schlagobers • 400 g gekochter, pürierter Kürbis • 1–2 EL Honig • Zimt- und Nelkenpulver nach Geschmack*

Eier und Zucker dickschaumig aufschlagen. Milch mit dem Vanillemark aufkochen, vom Herd nehmen und die Schaummasse vorsichtig unterrühren, danach bei kleinster Hitze unter Rühren erhitzen, bis die Masse am Kochlöffel hängenbleibt und eine Bindung entstanden ist. Kurz überkühlen; den Kürbis mit dem Honig und den Gewürzen vermischen und unter die Masse rühren; zum Schluß das nicht zu fest geschlagene Obers unterheben. In eine flache Schüssel füllen und frieren, von Zeit zu Zeit umrühren, damit die Eispartikel, die sich gebildet haben, eingerührt werden.

**MEIN TIP:** Eine besondere Verfeinerung erzielt man, wenn man gehackte, geröstete Kürbiskerne unter die Masse mischt.

## *WISSENSWERTES – HONIG*

Ca. 20.000 Flugeinsätze benötigt eine Biene für 1 l Nektar, und dieser ergibt 150 g Honig! Nicht umsonst heißt es „Das fleißige Bienchen“!
Honig wurde bereits in den Hochkulturen der Antike als Nahrungs-, Schönheits- und Heilmittel verwendet; er diente auch als Opfergabe und wurde ebenso als Zahlungsmittel eingesetzt.
Pythagoras soll sich ein Leben lang von Honig ernährt und so die Gabe der Mathematik erhalten haben!

## *Marilleneis*

*2 Dotter • 3 EL Honig • 500 g pürierte, aufgekochte Marillen • 1/4 l Schlagobers • 0,2 cl Marillenlikör oder Schnaps*

Die Dotter mit dem Honig und dem Likör über Dampf fingerwarm aufschlagen, die Masse danach schaumig und kalt rühren. Das Marillenpüree dazugeben und zum Schluß das nicht zu fest geschlagene Obers unterheben.
In eine Schüssel füllen und ca. 1–2 Stunden frieren lassen.

**MEIN TIP:** Das Aufkochen der Früchte ist sehr wichtig, damit diese ihre volle Farbe behalten, ansonsten entsteht beim Zusammenmischen mit dem Milchprodukt eine Graufärbung! Wichtig ist, die Früchte nur kurz, ca. 1/2 Minute, kochen zu lassen!

## Heidelbeereis

*500 g aufgekochte und pürierte Heidelbeeren • 250 ml Johannisbeersaft • 3 g Agar-Agar oder 1–2 Blatt Gelatine • 4–5 EL Honig • 1/4 l Schlagobers*

Den Johannisbeersaft mit Agar-Agar aufkochen, Honig dazugeben und überkühlen lassen; diese Masse in das Heidelbeerpüree einrühren und zum Schluß das nicht zu fest geschlagene Obers unterheben.
In Gläser füllen und für 1–2 Stunden frieren lassen. Halbgefroren schmeckt dieses Gericht am besten!

**MEIN TIP:** Mit dem Eisportionierer lassen sich wunderschöne Kugeln formen.

*Eine kontrastreiche Kombination – Heidelbeereis und Joghurt*

## WISSENSWERTES – AGAR-AGAR

Agar-Agar ist ein altbekanntes Geliermittel, das aus Rotalgen gewonnen wird und reichlich Pektin enthält. 1/2 l Flüssigkeit geliert bereits unter Zugabe von einem gehäuften Teelöffel (= 8 g) Agar-Agar.

## Birnen-Topfen-Cremeeis mit Zimt

*250 g Birnen • Staubzucker nach Geschmack oder Honig • 1/8 l Schlagobers • 120 g Topfen • etwas Zimt nach Geschmack • ein Schuß Birnenschnaps oder Likör • 1 Päckchen Vanillezucker*

Birnen schälen, in kleine Stücke schneiden und einfrieren. Wenn die Birnen gut durchgefroren sind, in einen Cutter geben und zerkleinern (oder mit dem Mixstab bzw. -glas mixen).
Das ungeschlagene Obers, Topfen, Staubzucker und Vanillezucker dazugeben und rasch mixen, bis eine angenehm cremige Eismasse entstanden ist.

*Zutaten für Birnen-Topfen-Cremeeis und Himbeer-Buttermilch-Cremeeis*

*Der erfrischende Geschmack aus Birnen und Topfen mit einem Hauch Zimt*

**MEIN TIP:** Statt frischer Früchte können auch Kompottfrüchte verwendet werden.

## Bananen-Eierlikör-Cremeeis mit Schokolade

*250 g Bananen • Staubzucker oder Honig nach Geschmack • 1/4 l Schlagobers • 2 cl Eierlikör • Schokoraspeln oder Schokoladeflocken*

Bananen schälen, in kleine Stücke schneiden und einfrieren. Wenn die Bananen gut durchgefroren sind, in einen Cutter geben und zerkleinern (oder mit dem Mixstab bzw. -glas mixen). Das flüssige Obers, den Eierlikör, Staubzucker und Vanillezucker dazugeben und rasch mixen, bis eine schöne cremige Eismasse entstanden ist; zum Schluß die Schokoladeflocken einrühren und sofort servieren.

## Pfirsich-Topfen-Cremeeis

*250 g vollreife Pfirsiche oder Nektarinen • Staubzucker oder Honig nach Geschmack • 1/8 l Schlagobers • 120 g Magertopfen*

Pfirsiche schälen, in kleine Stücke schneiden und einfrieren. Wenn die Pfirsiche gut durchgefroren sind, in einen Cutter geben und zerkleinern (oder mit dem Mixstab bzw. -glas mixen). Das flüssige Obers, den Topfen, Staubzucker und Vanillezucker dazugeben und rasch mixen, bis eine cremige Eismasse entstanden ist. Sofort servieren.

**MEIN TIP:** Kurz vor dem Servieren ein paar frische Fruchtstücke unterheben!

## WISSENSWERTES – ZIMT

Eines der ältesten Gewürze, das nicht nur durch seinen einzigartigen, exquisiten Geschmack, sondern auch durch seinen fast paradiesischen Geruch unsere Herzen erobert. Es gibt 3 Arten von Zimt: den Ceylon-Zimt, den Cassia vera und den China-Zimt.
**Mein Tip zum Einkauf:** Kaufen Sie Zimt in Mengen, die Sie schnell verbrauchen, da er, sobald die Packung angebrochen ist, sehr rasch an Aroma und Würzkraft verliert.

## Ananas-Mohn-Cremeeis

*1/2 l Schlagobers • 5 EL Honig • 200 g würfelig geschnittene Ananas • 1 Eiweiß • 1 EL gemahlener Mohn*

Eiweiß mit dem Honig zu Schnee schlagen, die Ananas und den Mohn unterheben und zum Schluß das nicht zu fest geschlagene Obers einrühren; in einer Form tiefkühlen.

**MEIN TIP:** Sehr beliebt sind nach wie vor die berühmten Eisbomben! Dazu wird die Masse einfach in eine tiefe Schüssel gefüllt und tiefgekühlt; ist das Cremeeis gut durchgefroren, wird es auf ein Tablett gestürzt und reichlich mit geschlagenem Schlagobers verziert sowie mit frischen Früchten garniert.

*Ein Erlebnis – das Ananas-Mohn-Cremeeis*

## *Meloneneiscreme*

*1/2 l Schlagobers • 110 g Staubzucker oder 4–5 EL Honig • 130 g kleinwürfelig geschnittene Melone • 1 Eiweiß*

Eiweiß mit dem Zucker oder Honig zu Schnee schlagen, die zerkleinerte Melone unterheben und zum Schluß das nicht zu fest geschlagene Obers einrühren; in einer Form tiefkühlen.

## *Apfel-Cremeeis*

*250 g Äpfel • Staubzucker oder Honig nach Geschmack • 1/4 l Schlagobers • 1 Päckchen Vanillezucker*

Äpfel schälen, in kleine Stücke schneiden und einfrieren. Wenn die Äpfel gut durchgefroren sind, in einen Cutter geben und zerkleinern (oder mit dem Mixstab bzw. -glas mixen).
Das flüssige Obers, den Staubzucker und Vanillezucker dazugeben und rasch mixen, bis eine schön cremige Eismasse entstanden ist.

**MEIN TIP:** Statt der Äpfel eignen sich auch Himbeeren, Erdbeeren, Brombeeren, Ribiseln, Bananen, Birnen und Heidelbeeren hervorragend.
Das Cremeeis kann durch Zugabe von einem qualitativ hochwertigen Likör, z. B. Eierlikör, oder Zimt noch verfeinert werden. Dieses Eis ist etwas für „schnelle Genießer", da es nach der Herstellung sofort verzehrt werden kann und nicht mehr tiefgekühlt werden muß!

## WISSENSWERTES – DER APFEL

Der „Apfel" war in der alten Mythologie den Göttinnen der Liebe und Erotik geweiht, darüber hinaus verlieh er angeblich auch Unsterblichkeit. Er ist eine wahre Gesundheitsbombe und ein Schönheitselixier!
Übrigens: Die Wiege des Apfels steht in Kasachstan, dessen Hauptstadt – „Alma-Ata" – „Stadt des Apfels" heißt.

## Himbeer-Buttermilch-Cremeeis

*250 g tiefgekühlte Himbeeren • Staubzucker oder Honig nach Geschmack • 1/8 l Schlagobers • 1/8 l Buttermilch • 1 Päckchen Vanillezucker*

Wenn die Himbeeren gut durchgefroren sind, in einen Cutter geben und zerkleinern (oder mit dem Mixstab bzw. -glas mixen). Das flüssige Obers, die Buttermilch, den Staubzucker und Vanillezucker dazugeben und rasch mixen, bis eine angenehm cremige Eismasse entstanden ist.

**MEIN TIP:** Vor dem Servieren ein paar frische Himbeeren unterrühren! Anstelle der Buttermilch kann als besonderes Geschmackserlebnis auch Sauerrahm oder Topfen verwendet werden.

*Der leichte Eisgenuß – Himbeer-Buttermilch-Cremeeis*

## WISSENSWERTES – BUTTERMILCH

Das Besondere an der Buttermilch ist ihr niedriger Fettgehalt von maximal 1 %. Überdies enthält sie nahezu vollständig die wertvollen Nährstoffe der Milch.

## Bananen-Kokos-Cremeeis

*250 g tiefgekühlte Bananenstücke • Staubzucker oder Honig nach Geschmack • 1/8 l Schlagobers • 1/8 l Joghurt • 50 g Kokosette • 1 Päckchen Vanillezucker*

Das Kokosette in einer beschichteten Pfanne oder im Backrohr (ohne Zugabe von Fett) bei Oberhitze rösten, bis es Farbe bekommt.
Wenn die Bananenstücke gut durchgefroren sind, in einen Cutter geben und zerkleinern (oder mit dem Mixstab bzw. -glas mixen). Das flüssige Obers, Joghurt, Kokosette, den Staubzucker und Vanillezucker dazugeben und rasch mixen, bis eine feine cremige Eismasse entstanden ist.

**MEIN TIP:** Vor dem Anrichten ein paar frische Erdbeerstücke unterrühren!

## *Marillen-Buttermilch-Cremeeis mit Pfefferminze*

*250 g kleingeschnittene und tiefgekühlte Marillen • Staubzucker oder Honig nach Geschmack • 1/8 l Schlagobers • 1/8 l Buttermilch • ein paar frische Pfefferminzblätter • 1 Päckchen Vanillezucker*

Wenn die Marillenstücke gut durchgefroren sind, in einen Cutter geben und zerkleinern (oder mit dem Mixstab bzw. -glas mixen). Das flüssige Obers, die Buttermilch, den Staubzucker und Vanillezucker dazugeben und rasch mixen, bis eine schön cremige Eismasse entstanden ist; zum Schluß die feingeschnittenen Pfefferminzblätter und eventuell frische Fruchtstücke einrühren.

## *Stachelbeer-Topfen-Cremeeis*

*250 g geschnittene, tiefgekühlte Stachelbeeren • Staubzucker oder Honig nach Geschmack • 1/8 l Schlagobers • 120 g Magertopfen • 1 Päckchen Vanillezucker*

Sobald die Stachelbeeren gut durchgefroren sind, in einen Cutter geben und zerkleinern (oder mit dem Mixstab bzw. -glas mixen). Das flüssige Obers, den Topfen, Staubzucker und Vanillezucker dazugeben und rasch mixen, bis eine angenehm cremige Eismasse entstanden ist.

**MEIN TIP:** Vor dem Anrichten ein paar frische Stachelbeeren oder feingeschnittene Minze- bzw. Melissenblätter unterrühren! Geschmacklich und farblich kombiniert mit etwas Mohn ein kulinarischer Blickfang!

*Schlemmerfreuden – Bananeneis mit Joghurt*

EIS ...

## *Bananeneis mit Joghurt*

*1/4 l Schlagobers • 1/4 l Joghurt • 1 reife Banane • 100 g Honig • 1 Päckchen Vanillezucker*

Die Banane mit einem Mixstab pürieren, Joghurt, Honig und Vanillezucker mitmixen und zum Schluß das geschlagene Obers unterheben.
In eine flache Schüssel füllen und langsam frieren lassen; anfangs mehrmals umrühren, um einer Bildung von Eiskristallen vorzubeugen.

## WISSENSWERTES – VANILLE

Was verbindet unser Österreich mit Mexiko, Venedig und Spanien? Der historische Siegeszug des „duftenden Goldes" der VANILLE. Die Schote des Orchideengewächses galt schon früher als Hauch von Luxus; schon bald hatte sie einen festen Platz in den Küchen der k. u. k. Monarchie gefunden und wird heute in fast jeder Küche verwendet.
Da gab es doch noch etwas! Das VANILLIN; es wird synthe-

tisch erzeugt, mit Zucker vermischt und ist daher wesentlich billiger.
Echten Vanillezucker erkennt man daran, daß er feine braune Vanillepartikelchen enthält.

## *Erdbeereis mit Joghurt*

*1/4 l Schlagobers • 1/4 l Joghurt • 150 g Erdbeeren • 100 g Honig • 1 Päckchen Vanillezucker*

Die Erdbeeren mit etwas Zucker aufkochen, anschließend mit dem Mixstab pürieren und auskühlen lassen.
Die Erdbeermasse mit dem Joghurt, Honig und Vanillezucker verrühren und zum Schluß das geschlagene Obers unterheben.
In eine flache Schüssel füllen und langsam frieren lassen; anfangs mehrmals umrühren, um zu verhindern, daß sich Eiskristalle bilden.

**MEIN TIP:** Anstelle von frischen Erdbeeren kann auch ein Glas Erdbeermarmelade verwendet werden, wobei sich aber der Honiggehalt im Rezept verringert!
Es können natürlich alle Arten von Beeren und Früchten bzw. Marmeladen verwendet werden: Heidelbeeren, Brombeeren, Ribiseln, Stachelbeeren, Johannisbeeren, Himbeeren, Kirschen, Marillen…
Mir macht es auch immer Freude, eine kleine Menge Beeren einzufrieren, so kann man sich auch in Zeiten vor dem warmen Kamin ein „zartschmelzendes“ Erlebnis gönnen!

## *Zwetschken-Zimt-Eis*

*1/4 l Schlagobers • 1/4 l Joghurt • 150 g Zwetschken • 3–4 EL Honig • Zimt nach Geschmack • 1 Päckchen Vanillezucker*

Die Zwetschken klein schneiden und mit etwas Zucker aufkochen, anschließend mit dem Mixstab pürieren und auskühlen lassen. Die Zwetschkenmasse mit dem Joghurt, Honig, Zimt und Vanillezucker verrühren und zum Schluß das geschlagene Obers unterheben.

In eine flache Schüssel füllen und langsam frieren lassen; anfangs mehrmals umrühren, um einer Bildung von Eiskristallen vorzubeugen.

**MEIN TIP:** Für einen winterlichen Eiszauber ist die Zugabe von etwas Glühwein- und Lebkuchengewürz ideal.

# SORBET-REZEPTE

Ein Sorbet ist ein geeistes Obstpüree, das in Gläser gefüllt und mit Likör, Wein, Apfelsaft, Most, Schaumwein u. ä. aufgegossen wird. Es zählt wie das Granité zu den ersten „Eisgenüssen“ überhaupt. Die ersten Rezepte stammen aus dem 18. Jahrhundert; vorher war es ein „königliches Geheimnis“, bis letztendlich die ersten Eissalons in Italien entstanden.

## *Mostsekt-Früchte-Sorbet*

*70 g Honig • 2 EL Zitronensaft • 200 ml Wasser • 2 Blatt Gelatine • 400 g frische Früchte (Pfirsiche, Marillen, Beeren...) • Holunderblütensirup nach Geschmack • ca. 1/2 l Mostsekt*

Honig und Zitronensaft mit 200 ml Wasser sirupartig einkochen lassen. Die Früchte klein schneiden und in dem Sirup kurz mitkochen lassen, anschließend mit dem Mixstab pürieren.
Gelatine in kaltem Wasser einweichen, ausdrücken und im Früchtesirup auflösen.
Die Masse in eine flache Schüssel füllen und ca. 2 Stunden gefrieren. Anschließend mit dem Mixstab durchmixen und noch einmal 1 Stunde frieren lassen. Vor dem Servieren nochmals mixen, mit einem Löffel oder Eisportionierer kleine Nockerln herausstechen und in Sektgläser füllen. Pro Glas mit 1 TL Holunderblütensirup übergießen und mit Mostsekt auffüllen. Mit frischer Minze und Früchten servieren.

**MEIN TIP:** Anstelle von Mostsekt kann natürlich Sekt, Prosecco oder – ohne Alkohol – gespritzter Apfelsaft verwendet werden.

*Als Appetitanreger, Willkommensdrink oder leichtes Dessert – das Mostsekt-Früchte-Sorbet*

## *Pfirsich-Ingwer-Sorbet*

*100 g Zucker • 2 EL Zitronensaft • 200 ml Wasser • 2 Blatt Gelatine • 400 g frische Pfirsiche • ca. 0,2 l Sekt • ev. etwas Likör • 1 Messerspitze Ingwer*

Zucker und Zitronensaft mit 200 ml Wasser sirupartig einkochen. Die Pfirsiche klein schneiden und in dem Sirup kurz mitkochen lassen, anschließend mit dem Mixstab pürieren.
Gelatine in kaltem Wasser einweichen, ausdrücken und im Früchtesirup auflösen.
Die Masse in eine flache Schüssel füllen und ca. 2 Stunden gefrieren. Anschließend mit dem Mixstab durchmixen und noch einmal 1 Stunde frieren lassen. Vor dem Servieren nochmals mixen, den Ingwer untermischen und mit einem Löffel oder Eisportionierer kleine Nockerln herausstechen und in Sektgläser füllen. Pro Glas mit 1 TL Likör übergießen und mit Sekt auffüllen. Mit frischer Minze und Früchten servieren.

**MEIN TIP:** Anstelle von Sekt kann natürlich Mostsekt, Prosecco oder – ohne Alkohol – gespritzter Apfelsaft bzw. Mineralwasser verwendet werden.

Weitere Sorbet-Ideen wären ein Pflaumensorbet mit Gin, Kirschen-Sorbet mit Amaretto und Mandeln, Brombeer- und Apfel-Sorbet, Mango- und Basilikum-Sorbet...

## *Zitroneneissorbet*

*Saft und Schale von 5 unbehandelten Zitronen • 150 g Staubzucker oder Honig • 350 ml Wasser*

Alle Zutaten zusammenmischen, zudecken und über Nacht stehen lassen. Am nächsten Tag den Saft abseihen und langsam frieren lassen; dabei ca. alle 15 Minuten umrühren, so daß die Eiskristalle zerstoßen werden.

**MEIN TIP:** Verfeinert werden kann das Sorbet kurz vor dem Servieren mit einem Schuß Mostschaumwein, Sekt oder Prosecco!
Als Einlage eignen sich hervorragend frische Gänseblümchen oder Himmelschlüsserln, die nicht nur den Gaumen erfreuen, sondern auch das Auge!
Anstelle der Zitronen können auch Orangen oder Mandarinen verwendet werden.

## *Orangen-Sekt-Sorbet*

*3 Blatt Gelatine • 5 Orangen mit unbehandelter Schale • 125 ml Weißwein • 1 Dotter • ein paar gehackte Blätter des Zuckerblattes • 1 Eiweiß • etwas Sekt*

Orangen auspressen; die eingeweichte, gut ausgedrückte, erweichte Gelatine in den Orangensaft einrühren; den Weißwein, die geriebenen Orangenschalen (= Zesten) und den Dotter dazugeben; je nach Geschmack das feingehackte Zuckerblatt hinzufügen. Eiweiß zu Schnee schlagen und unter die Orangenmasse heben, in eine flache Schüssel füllen und unter mehrmaligem Umrühren nicht zu fest frieren lassen. Mit einem Löffel kleine Portionen in ein Sektglas geben und mit Sekt aufgießen!

**MEIN TIP:** Das Sorbet kann auch in Eiswürfelbecher gefüllt und je nach Bedarf ein erfrischendes Getränk zubereitet werden.
Es sieht herrlich aus, kurz vor dem Servieren frische Blüten (Gänseblümchen...) oder geschnittene Melissenblätter in das Glas zu geben.
Anstelle des Alkohols kann natürlich auch gespritzter Apfelsaft oder Mineralwasser verwendet werden (schmeckt herrlich erfrischend!).

# GRANITÉ-REZEPTE

Granités sind geeiste Getränke aus Sirup (Fruchtsirup, Zuckersirup), die während des Frierens nicht bearbeitet, sondern nur leicht vom Rand gelöst und mit einem Kochlöffel zerstoßen werden, damit grobkörnige Kristalle entstehen.
Früher wurden große Eisblöcke in Pferdewagen geliefert und in Kästen gelagert; mit Eispickeln schlug man nach Bedarf kleine Stücke ab, die mit Aromen versetzt wurden und schließlich als Sorbets oder Granités auf festlichen Tafeln zu finden waren.

## *Erdbeer-Granité*

*120 g Staubzucker • 450 g frische Erdbeeren • Zitronensaft nach Geschmack • 170 ml Wasser*

Wasser mit Zucker zum Kochen bringen, die Erdbeeren und den Zitronensaft hinzufügen und kurz aufkochen lassen. Mit dem Mixstab pürieren und überkühlen lassen. In eine flache Schüssel füllen und frieren, dabei ist es wichtig, während des Gefriervorganges nicht umzurühren, sondern das Granité mit einem Kochlöffel zu zerstoßen, damit grobkörnige Kristalle entstehen.

**MEIN TIP:** Frucht-Granités können aus Himbeeren, Brombeeren, Melonen, Ananas, Pfirsichen, Marillen, Kirschen etc. zubereitet werden.
Früchtesorbets werden mit Likören, Rosenblütenwasser u. ä. verfeinert.

*Ein prickelnder Hochgenuß für Kaffeeliebhaber*

## Cappuccino-Granité

*3–5 EL Honig • 170 ml Wasser • 450 ml starker Kaffee*

Honig und Wasser ca. 5 Minuten leicht köcheln lassen, überkühlen und mit dem Kaffee verrühren. In eine flache Schüssel füllen und frieren; dabei ist es wichtig, während des Gefrierens nicht umzurühren, sondern das Granité mit einem Kochlöffel zu zerstoßen, damit grobkörnige Kristalle entstehen. Das Granité wird in Gläsern serviert.

**MEIN TIP:** Dieses Granité kann auch mit Zimt, Whisky oder Orangenschale verfeinert werden.

## Orangen-Honig-Granité

*2 unbehandelte Orangen • 550 ml Wasser • ca. 5 EL Honig • Zimt nach Geschmack • 1 Päckchen Vanillezucker*

Orangen fein schälen und die Schalen im aufgekochten Wasser ziehen lassen; Zimt, Honig, Orangensaft und Vanille dazugeben und auskühlen lassen. Danach abseihen, in eine flache Schüssel füllen und frieren; dabei ist es wichtig, während des Gefrierens nicht umzurühren, sondern das Granité mit einem Kochlöffel zu zerstoßen, damit grobkörnige Kristalle entstehen.

# PARFAIT-REZEPTE

Der Name kommt aus dem Französischen und heißt soviel wie „Halbgefrorenes“. Es handelt sich dabei um eine aufgeschlagene Eier-Zucker-Masse mit den namensgebenden Grundstoffen (z. B. Kaffee, Alkohol, Schokolade, Früchte, Nüsse, Gewürze, Kräuter…) und nicht zu fest geschlagenem Schlagobers, das zum Schluß untergehoben wird. Anschließend wird diese Masse in Formen gefüllt und tiefgekühlt.

Beim Servieren ist es wichtig, daß das Parfait kurz (etwa 5–10 Minuten) im Kühlschrank angetaut wird, damit es wieder cremig wird und seinen vollen Geschmack entfalten kann.

Parfaits werden mit Saucen, Früchten, Nüssen, Schlagobers, Kräutern, Hippen, Waffeln, Biskuits, Dörrfrüchten u. ä. angerichtet und nicht ausschließlich als Dessert gereicht, sondern auch als leicht schmelzender Genuß für zwischendurch.

Ich halte mich bei der Herstellung von Parfaits an die italienische Methode, wobei der Zucker oder Honig mit Wasser zu Läuterzucker gekocht wird und noch heiß zügig in die aufgeschlagene Dottermasse eingerührt wird; dies hat den Vorteil, daß das Parfait noch kompakter, feiner und cremiger wird.

## *Eisparfait – Grundrezept*

*3 Eier • 70 g Zucker oder ca. 4 TL Honig • 10 ml Wasser • 1/4 l Schlagobers • 1 cl Rum • 1 Päckchen Vanillezucker*

Eier mit Vanillezucker und Rum schaumig aufschlagen; Zucker und Wasser zu Läuterzucker kochen (ca. 2 Min. kochen lassen) und

noch heiß in die Dottermasse einrühren; zum Schluß das nicht zu fest geschlagene Obers unterheben.
In eine mit Frischhaltefolie ausgelegte Kastenform füllen und für 3–5 Stunden tiefkühlen. Mit einem Messer in Scheiben schneiden und mit frischen Früchten servieren.

**MEIN TIP:** Das Parfait kann durch die Zugabe von zerlassener Schokolade (Nougat, Bitterschokolade – ganz nach Ihrem Geschmack), geriebener Schokolade (Stracciatellaparfait), Eierlikör, Nußlikör, Grand Marnier, geröstetem Kokosette, Zimt, geriebenen Waffeln oder Hippen, Grillage, Maronipüree, aufgekochten, pürierten Früchten (Marillen, Beeren…) verfeinert werden.

Das Aufkochen und Pürieren der Früchte (z.B. Beeren) ist sehr wichtig, damit sie beim Vermischen mit den Milchprodukten ihre prächtige Farbe beibehalten.
Bei Steinobst (Zwetschken, Marillen, Pfirsiche etc.) ist das Aufkochen ebenfalls von großer Bedeutung, da die pürierten Früchte an der Luft oxidieren und braun werden. Pfefferfrüchte (Kiwi, Ananas, Melonen…) immer aufkochen, denn dadurch wird jenes Enzym zerstört, welches uns bei der Weiterverarbeitung das Milcheiweiß gerinnen und das ganze Dessert bitter werden läßt!

## *Schokoladeparfait mit Basilikum*

*3 Eier • 50 g Zucker oder 3–4 TL Honig • 10 ml Wasser • 100 g Schokolade • 1 Blatt frisches Basilikum • 1/4 l Schlagobers • 1 cl Rum • 1 Päckchen Vanillezucker*

Schokolade über Wasserbad erweichen; Eier mit Vanillezucker und Rum schaumig aufschlagen; Zucker und Wasser zu Läuterzucker kochen (ca. 2 Min. kochen lassen) und noch heiß in die Dottermasse einrühren; die Schokolade und das kleingeschnittene Basilikumblatt einrühren und zum Schluß das nicht zu fest geschlagene Obers unterheben.

*Ein zauberhaftes Geschmackserlebnis – Schokoladeparfait mit Basilikum*

In eine mit Frischhaltefolie ausgelegte Kastenform füllen und für 3–5 Stunden tiefkühlen. Mit einem Messer in Scheiben schneiden und mit frischen Früchten servieren.

**MEIN TIP:** Überraschen Sie Ihre Gäste mit dieser außergewöhnlichen geschmacklichen Komposition!

## Erdbeer-Buttermilch-Parfait

*3 Eier • 70 g Zucker oder 4–5 TL Honig • 10 ml Wasser • 1/8 l Schlagobers • 1/8 l Buttermilch • 130 g gekochte und pürierte Erdbeeren • 1 cl Rum • 1 Päckchen Vanillezucker*

Eier mit Vanillezucker und Rum schaumig aufschlagen; Zucker und Wasser zu Läuterzucker kochen (ca. 2 Min. kochen lassen) und noch heiß in die Dottermasse einrühren; anschließend die Erdbeeren und die Buttermilch unterrühren und zum Schluß das nicht zu fest geschlagene Obers unterheben.
In eine mit Frischhaltefolie ausgelegte Kastenform füllen und für 3–5 Stunden tiefkühlen. Mit einem Messer in Scheiben schneiden und mit frischen Früchten servieren.

*Ein besonders erfrischender Eisgenuß – Erdbeer-Buttermilch-Parfait*

## *Müsli-Parfait*

*3 Eier • 70 g Zucker oder 4–5 TL Honig • 10 ml Wasser • 1/4 l Schlagobers • 1 cl Rum • 50 g Flockenmischung • 100 g kleingeschnittene Dörrfrüchte (Rosinen, Marillen, Pflaumen, Äpfel…) • 50 g gehackte Nüsse (Mandeln, Walnüsse, Haselnüsse …) • 1 Päckchen Vanillezucker*

Eier mit Vanillezucker und Rum schaumig aufschlagen; Zucker und Wasser zu Läuterzucker kochen (ca. 2 Min. kochen lassen) und noch heiß in die Dottermasse einrühren; die Flockenmischung, die

*Für Ballaststofftiger – Müsli-Parfait*

Dörrfrüchte und die Nüsse einrühren und zum Schluß das nicht zu fest geschlagene Obers unterheben.

**MEIN TIP:** Es ist besser, dieses Parfait in kleine Portionsbecher zu füllen, da das fertige Dessert durch die vielen Zutaten schwer zu schneiden ist!

## Rum-Rosinen-Parfait

*3 Eier • 70 g Zucker oder 4–5 TL Honig • 10 ml Wasser • 1/2 l Schlagobers • 2–3 cl Rum • 1 Päckchen Vanillezucker • 100 g Rosinen*

Rosinen über Nacht in Rum einweichen und zudecken; Eier mit Vanillezucker und Rum schaumig aufschlagen; Zucker und Wasser zu Läuterzucker kochen (ca. 2 Min. kochen lassen) und noch heiß in die Dottermasse einrühren; zum Schluß die Rum-Rosinen und das nicht zu fest geschlagene Obers unterheben.
In eine mit Frischhaltefolie ausgelegte Kastenform füllen und für 3–5 Stunden tiefkühlen. Mit einem Messer in Scheiben schneiden und mit frischen Früchten oder Karamelsauce servieren.

## Weißes Mokkaparfait

*3 Eier • 70 g Zucker oder 4–5 TL Honig • 10 ml Wasser • 1/2 l Schlagobers • 1 cl Rum • 1 Päckchen Vanillezucker • 3 EL Kaffeebohnen*

Am Vortag die Kaffeebohnen in einer beschichteten Pfanne ohne Fett rösten und in dem flüssigen Obers einweichen, gut zudecken und im Kühlschrank ziehen lassen.
Am nächsten Tag das Obers abseihen und nicht zu fest schlagen. Eier mit Vanillezucker und Rum schaumig aufschlagen; Zucker und Wasser zu Läuterzucker kochen (ca. 2 Min. kochen lassen) und

EIS...

*Ein wahrer Gaumenschmaus – Mokkaparfait*

noch heiß in die Dottermasse einrühren; zum Schluß das „Mokkaobers" unterheben.
In eine mit Frischhaltefolie ausgelegte Kastenform füllen und für 3–5 Stunden tiefkühlen. Mit einem Messer in Scheiben schneiden und mit frischen Früchten servieren.

**MEIN TIP:** Das Parfait kann für einen besonderen Anlaß auch in eine Guglhupfform gefüllt und kurz vor dem Servieren auf ein Teller gestürzt und mit Früchten und Schokoladesauce garniert werden.
Sie können aber auch zwei verschiedene Parfaits (z. B. Schokolade und Vanille) abwechselnd in eine Form füllen!
Mit diesem Mokkaparfait werden Sie Ihre Familie und Ihre Gäste mit Sicherheit überraschen!

## *Minzschokoladeparfait*

*3 Eier • 70 g Minzschokolade (z. B. After Eight) • 40 g Zucker • 10 ml Wasser • 1/2 l Schlagobers • 1 cl Minzlikör oder Rum • 1 Päckchen Vanillezucker*

Eier mit Vanillezucker und Rum schaumig aufschlagen; Zucker und Wasser zu Läuterzucker kochen (ca. 2 Min. kochen lassen) und

noch heiß in die Dottermasse einrühren; die zerlassene Minzschokolade zügig einrühren und zum Schluß das nicht zu fest geschlagene Obers unterheben.
In eine mit Frischhaltefolie ausgelegte Kastenform füllen und für 3–5 Stunden tiefkühlen. Mit einem Messer in Scheiben schneiden und mit frischen Früchten servieren.

**MEIN TIP:** Intensiver wird der Geschmack, wenn man die Minzeblätter über Nacht in Rum einweicht! Es ist eine sehr interessante Kombination sowohl für das Auge als auch für den Geschmack, die Kastenform mit in Rum oder in Likör getränkten Biskotten auszulegen oder eine Schüssel mit Biskuitroulade auszukleiden und danach das Parfait einzufüllen und gemeinsam frieren zu lassen!

EIS

## *Ingwer-Kirsch-Parfait mit Schokolade*

*3 Eier • 70 g Zucker oder 3–4 TL Honig • 10 ml Wasser • 300 g Weichsel- oder Kirschenkompott • 30 g geriebene Schokolade • eine Prise Ingwer • 1/4 l Schlagobers • 1 cl Rum • 1 Päckchen Vanillezucker*

Kirschen gut abtropfen lassen, entkernen und mit dem Mixstab pürieren.
Eier mit Vanillezucker und Rum schaumig aufschlagen; Zucker und Wasser zu Läuterzucker kochen (ca. 2 Min. kochen lassen) und noch heiß in die Dottermasse einrühren; die pürierten Kirschen, den Ingwer und die geriebene Schokolade unterrühren und zum Schluß das nicht zu fest geschlagene Obers unterheben.
In eine mit Frischhaltefolie ausgelegte Kastenform füllen und für 3–5 Stunden tiefkühlen. Mit einem Messer in Scheiben schneiden und mit frischen Früchten servieren.

**MEIN TIP:** Geben Sie anstelle der geriebenen Schokolade erweichte Schokolade in das Parfait, auch diese Variation läßt Ihre süßesten Träume wahr werden.

# EISROULADEN-, TORTEN-, OMELETTE-REZEPTE

Eisrouladen, Torten, Omelettes sind für mehrere Gäste ideal, und für einen besonderen Anlaß ein ebenso besonderes, extravagantes Geschmackserlebnis. Diese Eisdesserts sind wunderbar zum Vorbereiten. Auch hier ist wiederum Fantasie gefragt und alles erlaubt, was unsere fünf Sinne anspricht.
Mein persönlicher Klassiker ist nach wie vor das Omelette surprise, das durch seine geradezu graziöse Verzierung ein Meisterstück in der Dessertküche ist.

## *Eisroulade*

***Biskuitroulade:*** *4 Eier • 100 g Staubzucker • 100 g glattes Mehl*

Eiweiß mit Zucker zu Schnee schlagen, die Dotter und das Mehl unterheben, diese Masse auf ein mit Papier ausgelegtes Backblech streichen und 5–7 Min. bei 170° C backen.

***Weitere Zutaten:*** *Parfait nach Wahl • Marmelade zum Bestreichen*

Die Biskuitroulade mit Marmelade und dem bereits gefrorenen Parfait bestreichen, danach zusammenrollen, in Frischhaltefolie drehen und nochmals kurz frieren. Mit einer Fruchtsauce oder mit Schlagobers servieren.

**MEIN TIP:** Die fertige Biskuitroulade kann wunderbar auf Vorrat hergestellt werden!

## Eisomelette

***Biskuitomeletten:*** *4 Eier • 80 g Staubzucker • 70 g glattes Mehl • 10 g Puddingpulver oder Maizena*

Eiweiß mit Zucker zu Schnee schlagen, die Dotter, das Mehl und das Maizena unterheben; die Masse in einen Spritzsack füllen und Kreise auf ein Backpapier aufdressieren, anschließend ca. 5–7 Min. bei 170° C backen.

***Weitere Zutaten:*** *Eis oder Parfait nach Wahl • Marmelade • ev. etwas Likör zum Tränken*

Die Omelettes mit Likör beträufeln, mit Marmelade bestreichen, Parfait oder Eis auf den Omelettes plazieren, die Teigränder übereinanderschlagen, mit Staubzucker bestreuen und mit Schlagobers und Früchten garnieren.

**MEIN TIP:** Die fertig gefüllten Omelettes können natürlich auch auf Vorrat hergestellt werden.

## Omelette surprise

*Biskotten oder 1 Biskuitboden • Likör nach Geschmack • Marmelade • 150 g Obst nach Belieben (Kirschen, Zwetschken, Beeren...) • 9 Eiweiß • 170 g Staubzucker • Parfait nach Wahl*

Eiweiß mit Staubzucker zu einem festen Schnee schlagen. Biskotten oder Biskuit auf ein Backblech legen, mit Likör beträufeln und mit Marmelade bestreichen, danach mit dem mundgerecht geschnittenen Obst belegen. Das fertig gefrorene Parfait darauf plazieren und mit dem festen Schnee verzieren. Im Backrohr bei starker Oberhitze bräunen lassen und sofort servieren.

## Eistorte

*1 Biskuittorte (nicht zu hoch) • ca. 1/4 l Erdbeerparfait • ca. 1/4 l Schokoladeparfait • Marmelade zum Bestreichen • Schokolade zum Glasieren*

Die Biskuittorte in drei Teile teilen; den unteren Teil in eine Tortenform legen und mit Marmelade bestreichen; das halbgefrorene Erdbeerparfait (sollte noch etwas flüssig sein) einfüllen, mit dem 2. Teil belegen und mit dem halbgefrorenen Schokoladeparfait auffüllen, den 3. Teil oben auflegen und fest durchfrieren lassen. Danach die gesamte Torte aus der Form heben und rundherum mit Marmelade bestreichen; inzwischen die Schokolade erweichen und die Torte damit glasieren; bis zum Festwerden der Schokolade die Torte nochmals frieren; zum Servieren schöne Tortenstücke herausschneiden und mit geschlagenem Obers garnieren.

# Konfekt & Bäckereien

# KONFEKT

*Gibt es eine Kunst wohl auf dieser Welt,*
*Die alle fünf Sinne im Dienste hält?*
*Die Kochkunst ist dies zweifellos;*
*Darum ist sie mächtig, ist sie groß!*
*(Verfasser unbekannt)*

Jede Art von Konfekt und Bäckerei läßt mich immer wieder schwach werden; das obige Gedicht paßt hervorragend zu der herzigen Vielfalt an Formen, Farben und Variationen; und letztendlich: Wenn man ein so geradezu königliches Naschwerk mit geschlossenen Augen auf der Zunge zergehen läßt, unterstrichen von einem zarten, leicht hörbaren „mhhhhhhh", beginnt das Herz eines jeden echten Schleckermäulchens höher zu schlagen.
Dieser Hauch von Luxus wird wiederum nur aus den besten Zutaten erzielt; Mandeln, Nüsse, Honig, Schokolade, Dörrfrüchte, Getreide…
Die kleinen Süßigkeiten in Bissengröße werden nicht nur zur Weihnachtszeit gerne genossen, sondern sind das ganze Jahr über voll im Trend – als „Gustostückerln" für die Familie, aber auch als nette Geschenksidee –, denn gerade in unserer schnellebigen Gesellschaft bereiten selbstgemachte Aufmerksamkeiten besonders viel Freude, steckt doch in diesen „Liebesgaben" kostbares Gut von uns, nämlich Zeit.
Ein kleines Potpourri aus Süßigkeiten in einer selbstgemachten Schokoladeschachtel oder Schokoladestanitzel, im Rexglas, im Weidenkörbchen, auf einem schönen Teller, in einer netten Tasse, in einem Blumenstrauß verpackt, in einer Papiertüte, in Jute- oder Leinenstoff verpackt, dekoriert mit Bändern, Seide, Borten, Kordeln oder mit Naturmateralien wie getrockneten Orangen- und Zitronenscheiben, getrockneten Apfelringen, Blumen, Kräutern, getrockneten Blättern, kleinen Ästen und Zweigen, finden bei jedem Anlaß Gefallen. Selbstgemachtes Konfekt ist doch etwas ganz Besonderes.
Das Faszinierende an der Konfektzubereitung ist für mich, daß man aus einfachen Zutaten ohne sehr viel Zeitaufwand exzellente Kunstwerke zaubern kann.

# Was wird zur Konfekt- und Bäckereienherstellung benötigt?

- **Exzellente Grundprodukte**
- **Schneebesen**
- **Kochlöffel**
- **eventuell Küchenmaschine oder Mixer**
- **Teigkarte**
- **Nudelholz**
- **Messer**
- **Schüsseln**
- **Topf**
- **Pralinenförmchen**
- **Spritzsack**
- **Ausstecher**
- **Backpapier**
- **Backblech**
- **Kühlschrank und Ofen**
- **… und viel Liebe zum Detail**

## *Tips zur Herstellung von Konfekt und Bäckereien!*

- Ich empfehle bei der Zubereitung von Konfekt und Bäckereien, die Zutaten immer ganz genau abzuwiegen und nicht ungefähr zu schätzen!

# KONFEKT

- Das Naschwerk wird noch feiner, wenn Mehl, Staubzucker und Kakao gesiebt werden.
- Der Teig wird besonders glatt, wenn man Eier oder Dotter zuerst verrührt und dann langsam einarbeitet.
- Bei den Mürbteigen läßt sich die Butter leichter verarbeiten, wenn sie vorher mit einer Küchenreibe grob geraspelt wird.
- Hände und Arbeitsplatte sollten kühl sein.
- Wenn man das Nudelholz 1 Stunde in das Tiefkühlfach legt, läßt sich der Teig leichter ausrollen und bleibt nicht kleben.
- Zitronen- oder Orangenschalen lassen sich konservieren; die geriebenen Schalen der ungespritzten Frucht vermischt man mit der doppelten Menge Staubzucker und bewahrt diese Mischung in einem gut verschlossenen Glas auf.
- Sollte der Mürbteig brandig oder brüchig sein, so knetet man einfach ein Eiklar unter.
- Die Bäckereien nicht zu lange und nicht zu heiß backen!

*Die moderne Präsentation im Rexglas*

*Konfekt als Geschenk*

KONFEKT

## Aufbewahrung von Konfekt und Bäckereien!

- Die einzelnen Sorten immer getrennt aufbewahren, damit sie ihr besonderes Aroma behalten.
- In luftdicht schließenden Behältern aufbewahren.
- Die Bäckereien sollen weich sein, am besten, man legt einen Apfel mit in die Dose bzw. in den Behälter, z. B. bei Lebkuchen (nach einiger Zeit auswechseln!)
- Konfekt und Bäckereien dunkel und kühl lagern.

*Bunte Konfekt-mischung für einen gemütlichen Nachmittag*

KONFEKT

# KONFEKT-REZEPTE

## *Pflaumenkonfekt*

*1 Eiweiß • 40 g Honig • Zimt nach Geschmack • 170 g Dörrpflaumen • 75 g geriebene Nüsse • Hagelzucker oder Kokosette zum Wälzen*

Dörrpflaumen fein hacken oder faschieren.
Eiweiß mit Zucker zu Schnee schlagen und die restlichen Zutaten unterheben. Kleine Kügelchen formen, in Hagelzucker wälzen und 1 Tag trocknen lassen.

**MEIN TIP:** Anstelle der Dörrpflaumen können auch andere Dörrfrüchte verwendet werden.

## *Honigkrapferln*

*80 g geriebene Mandeln • 30 g Aranzini oder Zitronat • 2–3 TL Honig • geriebene Mandeln zum Wälzen*

Mandeln, Aranzini und Honig gut vermischen, zu kleinen Kügelchen formen und in geriebenen Mandeln wälzen. Auf ein Backpapier legen und 1–2 Tage trocknen lassen.

### *WISSENSWERTES – ZITRONAT*

Auch Sukkade genannt; es handelt sich hier um die Schale der Zedernfrucht, die in Zuckerlösung eingelegt und später gewürfelt wird.

## Flocken-Sesam-Riegel

*150 g Flockenmischung • 30 g Sesam • 100 g gemahlene Walnüsse • 60 g Butter • 125 ml Apfelsaft • Oblaten • etwas Ribiselmarmelade*

Butter in einer Pfanne schmelzen, mit Apfelsaft aufgießen und kurz aufkochen lassen. Zum Schluß die Walnüsse einrühren. (Diese sollten auf keinen Fall mitkochen, da sie sehr schnell bitter werden.) Die Oblaten mit Marmelade bestreichen, dann die Masse darauf verteilen und mit einer Oblate bedecken, in eine Frischhaltefolie einwickeln und über Nacht mit einem Buch beschweren. Danach mit einem scharfen Messer kleine Riegel schneiden.

## Kokos-Nuß-Riegel

*130 g gemahlene Haselnüsse • 100 g Kokosflocken • 60 g Butter • 2 EL Kakaopulver • ca. 125 ml Apfelsaft • Oblaten*

Kokos in der Pfanne mit Butter leicht hellbraun rösten; die Haselnüsse dazugeben, mit Apfelsaft aufgießen, kurz aufkochen lassen, überkühlen und zum Schluß das Kakaopulver einrühren. Die Masse auf Oblaten streichen und mit einer Oblate abdecken, anschließend in Frischhaltefolie einwickeln und über Nacht mit einem Buch beschweren. Am nächsten Tag mit einem Messer in kleine Riegel schneiden.

## Rahm-Karamellen mit Mandeln

*1/4 l Obers • 150 g Zucker • 30 g Butter • 1–2 TL Honig • 1 Päckchen Vanillezucker • 100 g geriebene Mandeln*

KONFEKT

Den Zucker in einem Topf schmelzen, dann das Obers dazugießen und unter ständigem Rühren ca. 10 Min. kochen lassen, bis die Masse dicklich geworden ist; danach die restlichen Zutaten unterrühren. Die Karamelmasse auf ein mit Öl bestrichenes Backblech gießen und bevor sie ganz fest wird mit einem Messer in kleine Stücke schneiden.

## Rumkugeln

*100 g Honig • 120 g Butter • 100 g Kokosflocken • 2 EL Kakao • 1 Päckchen Vanillezucker • 30 g Mehl • Rum nach Geschmack • Kokosette zum Wälzen*

Alle Zutaten verkneten und kleine Kugeln formen; anschließend in Kokosette wälzen und in Pralinenförmchen setzen.

**MEIN TIP:** Die Rumkugeln können auch in geriebener weißer Schokolade oder in Milchschokolade und Hagelzucker gewälzt werden.

## Sojaflakes-Konfekt

*200 g Milchschokolade • 120 g Sojaflakes • 1 Päckchen Vanillezucker*

Schokolade im Wasserbad schmelzen und die Flakes mit dem Vanillezucker unterrühren; mit einem Kaffelöffel kleine Häufchen auch ein Backpapier setzen und im Kühlschrank fest werden lassen.

**MEIN TIP:** Das Knusperkonfekt in Pralinenförmchen füllen! Anstelle der Sojaflakes können auch Cornflakes, Dinkelpops, Mandelsplitter u. ä. verwendet werden.

KONFEKT

## *Zitronentrüffeln*

*200 g weiße Schokolade • 60 ml Schlagobers • 30 g Butter • 30 g Zwiebackbrösel oder Waffelbrösel • 1 TL feingeriebene Zitronenschale von 1 unbehandelten Zitrone • geriebene, weiße Schokolade zum Wälzen*

Schokolade erweichen; Butter und Schlagobers langsam erhitzen und kurz aufkochen lassen, anschließend die Schokolade einrühren; danach die Biskuitbrösel und die Zitronenschale untermengen. Diese Masse im Kühlschrank fest werden lassen, dann kleine Kugerln formen und diese in geriebener weißer Schokolade wälzen.

## *Weinbrandstangerln*

*90 g Marzipan • 30 g Staubzucker • 1 EL Weinbrand • 120 g Bitterschokolade*

Marzipan mit Staubzucker und Weinbrand verkneten; kleine, dünne, ca. 5–6 cm lange Stangerln (Ästchen) formen und in erweichter Schokolade tunken; auf ein Backpapier legen und erstarren lassen.

**MEIN TIP:** Es können auch andere Liköre, wie Eierlikör, Waldmeister, Nußlikör, Grand Marnier, Rum u. ä. verwendet werden.

## *„Pariser" Nußtrüffeln*

*250 g Bitterschokolade • 1/4 l Schlagobers • 2 EL Rum • Kakaopulver zum Wälzen • ganze Haselnüsse*

KONFEKT

Schokolade klein schneiden, mit dem Schlagobers langsam erwärmen und kurz aufkochen lassen. Die Masse kalt stellen, bis sie fest geworden ist; anschließend den Rum hinzufügen und mit dem Mixer kurz aufschlagen. Kleine Kugerln formen, in die Mitte eine Haselnuß einarbeiten und in Kakaopulver wälzen.

## Schokolade-Nuß-Schnitten

*250 g Schokolade • 60 g grobgehackte Kekse • 60 g grobgehackte Nußmischung (Haselnüsse, Walnüsse u. ä.)*

Die Schokolade erweichen, die grobgehackten Nüsse und die zerkleinerten Kekse einrühren, in eine mit Frischhaltefolie ausgelegte Kastenform füllen und erstarren lassen. Nach dem Festwerden in dünne Scheiben schneiden.

## Schokoladenkonfekt mit schwarzem Tee

*125 ml Wasser • 3–4 EL schwarzer Tee • 60 g Butter • 2 Dotter • 100 g Staubzucker • Orangenschale von 1 unbehandelten Orange • 300 g Schokolade • Kakao zum Wälzen*

Den Tee mit Wasser überbrühen und ca. 5 Min. ziehen lassen; anschließend abseihen. Butter mit Zucker und Dotter schaumig rühren, die geriebene Orangenschale und die erweichte Schokolade hinzufügen und zum Schluß den Tee einrühren. Auf ein mit Frischhaltefolie ausgelegtes, geschlossenes Backblech streichen und erstarren lassen. Nach dem Festwerden in Quadrate, Rauten oder Rechtecke schneiden und in Kakaopulver wälzen.

KONFEKT

## *WISSENSWERTES – KONFEKT*

Das Wort Konfekt stammt ursprünglich aus der Apothekersprache. Die Apotheker bezogen bereits im 15. Jhdt. Konfekt (lateinisch: confectum) aus Italien, etwa eingekochte und eingezuckerte Früchte, die sie zu Heilzwecken verwendeten.

## *Mandelkugeln*

*250 g Bitterschokolade • 1/4 l Schlagobers • 2 cl Amaretto (Mandellikör) • geriebene Orangenschale von 1 unbehandelten Orange • 150 g geschälte, ganze Mandeln • geriebene Mandeln zum Wälzen*

Obers und Schokolade erhitzen und kurz aufkochen; den Amaretto und die Orangenschale einrühren und die Masse im Kühlschrank erkalten lassen; anschließend kurz mit dem Mixer aufschlagen.
Die ganzen Mandeln in einer Pfanne oder im Rohr trocken rösten und auskühlen lassen. Aus der Schokolademasse kleine Kugeln formen und in die Mitte eine Mandel einarbeiten; die gefüllten Kugerln in geriebenen Mandeln wälzen.

## *Sesam-Haferflocken-Konfekt*

*100 g Haferflocken • 150 g Sesam • 50 g geriebene Mandeln oder Nüsse • etwas Zimt nach Geschmack • Rum nach Geschmack • 100 g Honig*

Haferflocken, Nüsse und Sesam auf ein Backblech geben und bei Oberhitze im Rohr leicht bräunen lassen. Zimt, Honig, Rum vermischen und die überkühlten Flocken und Nüsse einrühren. Kleine Kugerln formen und 1–2 Tage trocknen lassen.

KONFEKT

## *Schokolade-Mandel-Trüffeln*

*100 g Butter • 80 g Honig • 100 g geriebene Schokolade • 125 g geriebene Mandeln • Schokospäne oder Streusel zum Wälzen*

Butter mit Honig schaumig rühren, die restlichen Zutaten unterheben, aus der Masse kleine Kugerln formen und in Schokostreusel wälzen.

## *Marzipan-Orangen-Konfekt mit Koriander*

*200 g Rohmarzipan • 150 g erweichte Bitterschokolade • ein Hauch gemahlener Koriander • Orangenmarmelade zum Füllen • etwas Rum • Staubzucker zum Bearbeiten und Bestreuen*

Rohmarzipan mit Schokolade und etwas Staubzucker abarbeiten, ca. 3 mm dick ausrollen, mit einem Keksausstecher kleine Formen ausstechen, Orangenmarmelade mit Koriander und Rum abschmecken, die ausgestochenen Formen damit füllen, jeweils zwei Formen zusammensetzen und mit Staubzucker bestreuen.

### *WISSENSWERTES – KORIANDER*

Koriander ist ein sehr altes Gewürz und wurde bereits im Alten Testament erwähnt.
Den Namen verdankt er dem starken, „wanzenartigen" Geruch der frisch geernteten Früchte. Das Wort leitet sich vom griechischen „kòris" ab, das Wanze bedeutet. Hauptanbaugebiete sind heute Südeuropa und der mittlere Osten. Im allgemeinen werden die Samen zum Würzen verwendet, im arabischen und asiatischen Raum finden auch seine frischen Blätter und Wurzeln zum Würzen Verwendung.

# Fondantkugeln (Punschkugeln)

*150 g Staubzucker • 200 g Haselnüsse • 100 g geriebene Schokolade • 1 Becher Punschglasur • 5 EL Kirschlikör • eingelegte Kompottkirschen (in Rum…)*

Aus den Zutaten eine glatte Masse abarbeiten. In kleine Kügelchen jeweils eine Kirsche einarbeiten und zum Schluß in geriebener Schokolade wälzen.

# Neujahrspilze

*20 g Butter • 80 g Staubzucker • 1 Päckchen Vanillepuddingpulver • 1 EL Rum*

Alle Zutaten vermischen; in zwei Teile teilen – einen Teil mit Kakaopulver einfärben, aus diesem Pilzköpfe und aus der restlichen Masse Stengel formen, dann aus beiden Teilen Pilze zusammensetzen.

**MEIN TIP:** Anstelle des Kakaos mit roter Lebensmittelfarbe einfärben und mit Spritzglasur weiße Tupfen dressieren und zu einem Fliegenpilz verarbeiten.
Eine wunderschöne, selbstgemachte Geschenksidee!

# Kokosrosetten

*40 g Kokosette • 5 EL Schlagobers • 200 g weiße Schokolade • 20 g Kokosfett • 1–2 EL Rum • 1 EL Wasser*

Obers mit Schokolade und Kokosfett langsam erwärmen und kurz aufkochen lassen, Rum, Kokosette und Wasser einrühren. Die Masse im Kühlschrank erstarren lassen und mit einem Spritzsack in Pralinenförmchen kleine Rosetten dressieren.

KONFEKT

## Haselnuß-Waffel-Konfekt

*100 g Butter • 100 g Staubzucker • 100 g Eiswaffeln oder Kekse • 100 g gemahlene Haselnüsse • 60 g Kakaopulver • 1 Dotter • Schokolade zum Glasieren*

Ein geschlossenes, kleines Backblech mit Frischhaltefolie auslegen. Die Butter mit dem Zucker langsam erwärmen, bis beides geschmolzen ist, anschließend die grobgehackten Kekse oder Waffeln, die gemahlenen Nüsse, das Kakaopulver und den Dotter dazugeben; diese Masse auf das Backblech streichen, gut andrücken und mit der erweichten Schokolade glasieren. Nach dem Erstarren in kleine Würfel, Rauten, Rechtecke u. ä. schneiden und eventuell mit ganzen Nüssen oder Waffelbruch verzieren.

## Vanille-Karamellen

*200 g brauner Zucker • 150 ml Schlagobers • Mark von 1/2 Vanilleschote*

Ein Backblech mit Öl bestreichen. Zucker mit Schlagobers langsam erhitzen und bei mittlerer Hitze ca. 25 Min. kochen lassen! Dann den Topf vom Herd nehmen, das Vanillemark einrühren und die Masse ca. 1/2 Stunde überkühlen lassen; anschließend mit einem Kochlöffel kräftig rühren und in das Backblech gießen. Nach ca. 1½–2 Stunden in kleine Würfel schneiden.

**MEIN TIP:** Der braune Zucker ergibt einen herrlichen Karamelgeschmack!

## Schokolade-Nuß-Riegel

*200 g Milchschokolade • 200 g Nougatschokolade • 70 g Kokosfett • 60 g Haselnüsse • 40 g Walnüsse • 30 g Pini-*

*enkerne • 30 g Pistazien • 30 g Kürbiskerne • 60 g Staubzucker*

Schokolade und Kokosfett schmelzen. Die Nüsse auf einem Backblech verteilen und bei 200° C ca. 8 Min. rösten. Anschließend überkühlen lassen und die Nüsse zwischen den Händen reiben, damit sich die Haut zu lösen beginnt. Nun den Staubzucker leicht karamelisieren und die Nüsse einrühren; die Masse sofort auf ein Backblech gießen und auskühlen lassen; danach in kleine Stücke brechen und in die Schokolade einrühren; nun wird die Konfektmasse auf ein Blech gegossen und über Nacht stehen gelassen, dann wird sie in Riegel geschnitten.

## Haselnußröllchen

*50 g Butter • 100 g Staubzucker • 70 g feingehackte Aranzini • 80 g geriebene Bitterschokolade • 1 Eiweiß • Haselnüsse zum Wälzen*

Alle Zutaten zu einer feinen Masse verrühren und 1/2 Stunde kalt stellen, danach in einen Spritzsack mit glatter Tülle füllen, kleine Röllchen (ca. 3 cm) spritzen und in geriebenen, gerösteten Haselnüssen wälzen. Bei Zimmertemperatur trocknen lassen.

## Schokoladetaler

*120 g geriebene Mandeln • 100 g geriebene Schokolade • 1 Ei • 120 g Staubzucker • 40 g feingehacktes Zitronat • 40 g stiftelig geschnittene Mandeln*

Das Ei mit dem Staubzucker schaumig rühren, die geriebene Schokolade und die stiftelig geschnittenen Mandeln sowie das feingehackte Zitronat dazugeben. Die Masse auf etwas Staubzucker zu einer Wurst rollen, trocknen lassen und zuletzt in Scheiben schneiden.

KONFEKT

## Nußkugeln

*140 g geriebene Nüsse • 180 g Zucker • 1 Rippe geriebene Schokolade • 1 Eiklar • etwas Hagelzucker zum Wälzen*

Alle Zutaten außer dem Hagelzucker zu einer Masse vermischen und kleine Kügelchen formen, danach erst in Eiweiß, dann in Hagelzucker wälzen. Bei Zimmertemperatur trocknen lassen.

## Müslipralinen

*100 g gemischte Getreideflocken (Hafer, Weizen, Dinkel u. ä.) • 60 gehackte Haselnüsse • 100 g gehackte Kürbiskerne • 100 g gedörrte Früchte (Äpfel, Zwetschken, Marillen...) • 50 g gepuffter Weizen • 2 EL Honig • 1–2 EL Sauerrahm*

Die Getreideflocken, Haselnüsse, Kürbiskerne, Früchte und den Weizen zerkleinern (oder faschieren) und mit den anderen Zutaten vermischen; kleine Kugerln formen, in Pralinenförmchen geben und 1 Stunde im Rohr bei 130° C trocknen lassen.

## Haferflockenkonfekt

*150 g zerhackte Haferflocken • 60 g zerlassene Butter • 2–3 EL Honig • 1 EL Kakaopulver • 1 EL Rum • 1 EL schwarzer Kaffee*

Alle Zutaten zusammenmischen und zu kleinen Kugerln formen; in Hagelzucker oder Staubzucker wälzen und ein paar Stunden trocknen lassen.

## *Mokka-Pralinen*

*100 g Marzipan • 70 g Staubzucker • 1 EL löslicher Kaffee • 1/2 TL Kakaopulver • Schokolade zum Glasieren • Rum nach Geschmack*

Alle Zutaten miteinander verkneten und auf Staubzucker ca. 1,5 cm dick ausrollen, anschließend in kleine Würfel schneiden, mit Schokolade glasieren und mit einer Kaffeebohne verzieren.

## *Eierlikörtrüffeln*

*200 g weiße Schokolade • 120 g Butter oder Kokosfett • 2 cl Eierlikör • 1 Päckchen Vanillezucker*

Butter schaumig rühren, die erweichte Schokolade, den Vanillezucker und den Eierlikör einrühren. Die Masse kurz in den Kühlschrank stellen, anschließend in einen Spritzsack mit Sterntülle füllen und kleine Rosetten in Pralinenförmchen spritzen.

*Nicht nur fürs Auge schön anzusehen – auch der Gaumen freut sich über die Eierlikörtrüffeln*

KONFEKT

## *Schokolade-Knuspermüsli-Pralinen*

*200 g weiße Schokolade • 2 EL Rum • 30 g geriebene Mandeln • 150 g Knusper-Müsli • Zimt nach Geschmack • 1 Päckchen Vanillezucker*

Schokolade erweichen, die geriebenen Mandeln, den Zimt, das Knuspermüsli, den Rum und Vanillezucker einrühren. Mit einem Löffel kleine Häufchen auf ein Backpapier setzen und die Masse erstarren lassen.

**MEIN TIP:** Die fertigen Pralinen mit dunkler Schokolade fein verzieren!

## *WISSENSWERTES – WAS IST KUVERTÜRE?*

Kuvertüre kommt aus dem Französischen und heißt Überzug.
Die richtige Verwendung von erstklassiger Schokolade:
Mit einem Messer grob hacken und einen Teil über nicht kochendem Wasserbad schmelzen; dann nach und nach die restliche Schokolade mit einem Löffel oder Kochlöffel (nicht mit einem Schneebesen, da sonst Luftblasen entstehen) unterrühren und schmelzen. Die geschmolzene Schokolade darf auf nicht mehr als 32 Grad erhitzt werden, denn löst man die Schokolade zu schnell oder zu heiß auf, wird das Ergebnis grau und stumpf. Die Temperatur wird ganz einfach überprüft: Den Löffel mit der flüssigen Schokolade an die Unterlippe führen; wenn man keine Wärme empfindet, ist die Temperatur nicht überschritten und Sie erhalten bei Ihrem Dessert einen herrlich seidigen Glanz!

*Orangen-Müsli-Konfekt*

KONFEKT

## *Orangen-Müsli-Konfekt*

*200 g Früchtemüsli • 200 g weiße Schokolade • 200 g Orangenmarmelade • 1 EL Orangenlikör oder Rum • feingeschnittene Orangenschalen (Orangenzesten) von 1 unbehandelten Orange*

Schokolade schmelzen, die restlichen Zutaten unterrühren und die Konfektmasse in Pralinenförmchen setzen und mit den feingeschnittenen Orangenschalen verzieren.

**MEIN TIP:** Dieses Konfekt kann nach Belieben mit Erdbeermarmelade, Marillenmarmelade o. ä. zubereitet werden.

## *Zwetschkenriegel*

*250 g feingehackte oder faschierte Dörrzwetschken • 130 g Haferflocken • 70 g gehackte Sonnenblumenkerne • 30 g Butter • 125 ml Apfelsaft • Oblaten*

Dörrzwetschken fein hacken oder faschieren. Butter in einer Pfanne schmelzen und die Haferflocken sowie die Sonnenblumenker-

KONFEKT

ne leicht durchrösten; mit Apfelsaft aufgießen, kurz kochen und anschließend auskühlen lassen.
Dann die Dörrzwetschken unterrühren und diese Masse auf Oblaten streichen und mit einer Oblate bedecken, in eine Frischhaltefolie einwickeln und über Nacht mit einem Buch beschweren. Danach mit einem scharfen Messer kleine Riegel schneiden.

**MEIN TIP:** Diese Riegel können auch mit Schokolade überzogen werden. Anstelle der Dörrzwetschken eignen sich genauso getrocknete Marillen u. ä.

## *Marzipan-Ingwer-Pralinen*

*500 g getrocknete Früchte (Feigen, Marillen, Zwetschken ...) • 5 TL gemahlener Ingwer • 150 g geriebene Mandeln • 30 g Butter • 60 g Honig • 1 EL Rum*

Die Butter schaumig rühren, den Honig untermengen und mit den Mandeln und dem Rum verrühren.
Die Trockenfrüchte klein hacken oder faschieren und mit der Mandelfülle verrühren; diese Masse ca. 1–2 Stunden in den Kühlschrank stellen, danach kleine Kugerln oder Stangerln formen und in geriebener Schokolade wälzen.

**MEIN TIP:** Die fertigen Pralinen in der Mitte mit einer ganzen Mandel verzieren!

## *WISSENSWERTES – INGWER*

Er hat nicht nur Würz- und Heilkraft, es wird ihm auch nachgesagt, er hätte eine aphrodisierende Wirkung. Das Zingiberol verleiht dem Gewürz seinen typischen, aromatischen Geruch.

## Getunkte Rum-Pflaumen

*250 g Dörrpflaumen • ca. 100 g geschälte Mandeln • Rum oder Zwetschkenschnaps nach Geschmack • 200 g weiße oder dunkle Schokolade*

Die Dörrpflaumen entkernen und in jede Öffnung eine Mandel stecken, anschließend 12–24 Stunden in Rum oder Schnaps einlegen und zudecken.
Die Pflaumen danach gut abtropfen lassen und in erweichte Schokolade tunken, danach auf ein Kuchengitter oder ein Backpapier setzen, bis die Kuvertüre erstarrt ist.

## Getunkte Marillen

*250 g getrocknete Marillen • 200 g weiße oder dunkle Schokolade*

Schokolade im Wasserbad erweichen und die Marillenstücke darin tunken; auf ein Kuchengitter oder ein Backblech legen und erstarren lassen.

**MEIN TIP:** Anstelle von Marillen können auch Äpfel, Weichseln, Zwetschken, Ananas, Bananen, Weintrauben u. ä. verwendet werden.
Statt der herkömmlichen Schokolade eignet sich z. B. auch After Eight-Schokolade hervorragend – sie verleiht dem Konfekt einen herrlichen Minzegeschmack.

## Kaffee-Haselnuß-Konfekt

*100 g Kaffee- oder Milchschokolade • 50 g Honig • 60 g gemahlene Nüsse • 10 g Butter • 1 EL löslicher Kaffee*

KONFEKT

Schokolade erweichen, nach und nach die restlichen Zutaten einrühren; in einen mit Sterntülle ausgestatteten Spritzsack füllen und in kleine Pralinenformen Rosetten spritzen.

## *Süße Kirschen-Kokos-Pralinen*

*250 g kandierte Kirschen • 150 g geriebene Mandeln • 150 g geriebene Schokolade • Rum oder Kirschschnaps • Kokosraspeln zum Wälzen*

Die Kirschen über Nacht in Rum oder Kirschwasser einlegen. Die geriebenen Mandeln mit der ebenfalls geriebenen Schokolade und etwas Rum zu einer Masse verkneten und die gut abgetropften Kirschen damit umhüllen; danach in Kokos wälzen und in Pralinenförmchen setzen.

**MEIN TIP:** Anstelle des Alkohols bei den Pralinen kann natürlich auch Apfelsaft oder ein anderer Fruchtsaft verwendet werden.
Statt der Kirschen können Sie auch andere kandierte oder gedörrte Früchte verwenden.

*Süße „Überraschungspralinen" (Kirschen-Kokos-Pralinen)*

KONFEKT

## Kürbiskernkonfekt

*50 g Staubzucker • 50 g Kürbiskerne • 20 g Rohmarzipan • 1 EL Kletzen- oder Eierlikör • 100 g Schokolade zum Glasieren*

Staubzucker in einer beschichteten Pfanne leicht karamelisieren und die Kürbiskerne dazugeben; die Konfektmasse danach sofort auf ein geöltes Blech gießen und auskühlen lassen. Das Krokant anschließend mit einem Messer hacken und mit den restlichen Zutaten vermischen; mit einem Nudelholz ca. 1 cm dick ausrollen, auf ein Backblech geben und mit der erweichten Schokolade glasieren; danach für ca. 2 Stunden kalt stellen und dann in Rauten oder Quadrate schneiden.

**MEIN TIP:** Es sieht wunderbar aus, wenn man dieses Konfekt mit verschiedenen Keksausstechern ausstícht und danach in Pralinenformen setzt.

## Cappuccinotrüffeln

*200 g Milchschokolade • 100 g Butter • 1 TL starker Kaffee (am besten eignet sich löslicher Kaffe) • Kakaopulver zum Bestreuen*

*Cappuccinotrüffeln*

Butter schaumig rühren, den Kaffee und die erweichte Schokolade einrühren. Je nach Geschmack kann etwas Rum beigefügt werden. Diese Masse in einen Spritzsack füllen und kleine Krapferln dressieren, anschließend mit dem Kakaopulver bestreuen und in Pralinenförmchen setzen.

**MEIN TIP:** Eine nette Form ergibt es auch, wenn man anstelle der Sterntülle eine glatte Tülle verwendet.

## *WISSENSWERTES – BUTTER*

Aus ca. 25 l Milch wird 1 kg Butter gewonnen! Meine Devise lautet – „Butter kann durch nichts ersetzt werden". Gerade im Dessertbereich kann auf den einzigartigen, köstlichen Geschmack nicht verzichtet werden. Dabei sollte man immer darauf achten, daß frische und gut verschlossene Butter verwendet wird, da sie sehr rasch fremden Geruch annimmt und das Dessert geschmacklich verfälschen würde.

## *Zitronenstangerln*

*200 g weiße Schokolade • 80 g Butter • 1 TL Zitronensaft • 1 EL feingehacktes Zitronat • Staubzucker zum Bestäuben • 100 g weiße Schokolade zum Wälzen*

Butter schaumig rühren, die erweichte Schokolade sowie den Zitronensaft und das Zitronat untermengen. Die Masse in einen Spritzsack füllen, auf ein Backpapier kleine Stangerln spritzen und kühl stellen. Danach vorsichtig mit der erweichten Schokolade glasieren und dicht mit Staubzucker oder Schokoladespänen bestreuen.

## *Marillen-Marzipan-Röllchen*

*150 g getrocknete Marillen • 150 g Marzipan • etwas Likör • Staubzucker zum Verkneten • Mandelblättchen zum Wälzen*

Marillen klein hacken, mit dem Marzipan, dem Likör und dem Staubzucker verkneten. Aus dieser Masse eine daumendicke Rolle formen und daraus ca. 2–3 cm lange Stücke schneiden. Diese Röllchen in den Mandelblättchen wälzen.

**MEIN TIP:** Die Mandelblättchen vorher in einer beschichteten Pfanne oder im Backrohr bei Oberhitze rösten, das ergibt sowohl eine farbliche als auch eine geschmackliche Vollendung!

## *Erdnuß-Karamellen*

*250 g brauner Zucker • 150 ml Sauerrahm • 1 Päckchen Vanillezucker • Zimt nach Geschmack • 100 g ungesalzene Erdnüsse*

Zucker, Sauerrahm und Vanillezucker vermischen, anschließend in einer Pfanne langsam erhitzen und unter Rühren einkochen; danach die Erdnüsse und den Zimt dazugeben und die Masse auf ein geöltes Backblech gießen. Nach dem Erstarren in kleine Stücke brechen.

## *Kokos-Schokolade-Kugeln*

*1/4 l Schlagobers • 100 g Kokosfett • 200 g weiße Schokolade • 230 g Kokosette • Kokosette zum Wälzen • 1 Päckchen Vanillezucker*

KONFEKT

*Ein handgefertigtes Mitbringsel*

*Kokos-Schokolade-Kugeln*

Flüssiges Schlagobers, Kokosfett und Vanillezucker aufkochen; die kleingehackte Schokolade darin schmelzen und die Kokosraspeln unterrühren. Diese Masse bis zum Stocken kalt stellen. Danach mit einem kleinen Portionierer oder Löffel gleich große Stücke abstechen und zu Kugeln drehen, diese in Kokosraspeln wälzen.

**MEIN TIP:** In die Mitte der Kugel eine geröstete, geschälte Haselnuß einarbeiten!

## *Bitterschokolade-Nuß-Konfekt*

*120 g Butter • 120 g Honig • 25 g Staubzucker • 2 cl Rum • 300 g Bitterschokolade • halbe Walnußkerne zum Belegen*

Schokolade über Wasserdampf schmelzen; vom Herd nehmen und überkühlen lassen. Butter mit Honig und Staubzucker schaumig rühren, nach und nach Rum einlaufen lassen und zuletzt die erweichte Schokolade einrühren. Sollte die Masse zu flüssig sein, kurz in den Kühlschrank stellen und danach in einen Spritzsack mit Sterntülle füllen und rosettenförmig in Konfektschalen dressieren, mit einer Walnußhälfte belegen.

## Schokolade-Früchte-Gelee

*250 g Marillenkompott • 5 Blatt Gelatine • Zimt nach Geschmack • etwas Mark von 1 Vanilleschote oder 1 Päckchen Vanillezucker • 200 g Bitter- oder Milchschokolade*

Marillen mit dem Mixstab pürieren und zum Kochen bringen, die eingeweichte, gut ausgedrückte Gelatine sowie den Zimt und den Vanillezucker einrühren. Diese Masse auf ein geschlossenes Backblech gießen und erstarren lassen.
Die erstarrte Konfektmasse entweder mit dem Messer in gleiche Stücke schneiden oder mit dem Keksausstecher in Form bringen; die einzelnen Geleestückchen in der erweichten Schokolade tunken bzw. in Staubzucker oder Kokosette wälzen.

**MEIN TIP:** Anstelle von Marillen eignen sich ebenso gut Pfirsiche, Zwetschken etc. Für Abwechslung ist gesorgt, wenn man weiße und dunkle Schokolade zum Glasieren verwendet.

## Apfelgelee

*350 g Apfelmus • 400 g Gelierzucker • 10 g Butter • Zuckerstreusel oder Hagelzucker zum Wälzen*

Apfelmus und Gelierzucker zum Kochen bringen und ca. 5 Min. unter ständigem Rühren köcheln lassen; danach die Butter einrühren. Das Mus in eine mit Frischhaltefolie ausgelegte Form (Backblech oder ähnliches) gießen und erstarren lassen. Das Gelee mit einem Ausstecher in Form bringen oder Würfel schneiden und in Hagelzucker oder Zuckerstreusel wälzen.

KONFEKT

## Marmeladekonfekt

*140 g Staubzucker • 70 g geriebene Mandeln oder Nüsse • Saft von einer 1/4 Zitrone • 40 g Marmelade nach Belieben*

***Glasur:*** *1 Eiweiß • etwas Staubzucker*

Alle Zutaten zusammenmischen, gut verrühren und zu einer Platte formen.
1 Eiweiß mit etwas Staubzucker zu einer Glasur verrühren und über die Platte gießen. Das Konfekt ca. 2 Tage bei Zimmertemperatur trocknen lassen, danach in schmale Streifen schneiden.

## Erdbeerbonbons

*250 g Erdbeermarmelade • 2 EL Orangensaft • 120 g Kristallzucker • 4 Blatt Gelatine • 1 Päckchen Vanillezucker • etwas Rum nach Geschmack*

Zucker und Orangensaft mischen und kochen, bis die Siruplösung klar wird. Die eingeweichte, gut ausgedrückte Gelatine einrühren und die restlichen Zutaten untermischen.
Die Masse überkühlen lassen, bis sie zäh ist; mit einem Löffel Stückchen abstechen, zu Bonbons formen und in Vanillezucker wälzen. Bei Zimmertemperatur trocknen lassen, bis sie fest wie Gummi sind und nicht mehr kleben.

## Karottenkonfekt

*130 g geraspelte Karotten • etwas Milch • 70 g Honig • 70 g Kristallzucker • 110 g erweichte Butter • 1–2 TL Kokosraspeln • etwas Lebkuchengewürz • 10 g Mandelblättchen*

Karotten in Milch unter ständigem Rühren kochen lassen, bis die Masse eindickt, danach den Zucker zugeben und weitere 10 Min. köcheln lassen; zuletzt die restlichen Zutaten unterrühren. Mit einem Löffel kleine Häufchen in Pralinenförmchen setzen.

## *Marzipan-Rosinen-Konfekt*

*250 g Rosinen • 1–2 cl Grand Marnier oder Rum • 350 g Marzipan • 100 g Staubzucker • 1–2 EL Marillenmarmelade • Staubzucker zum Bestreuen*

Die Rosinen faschieren und mit den restlichen Zutaten verkneten, zu kleinen Kügelchen formen und dicht mir Staubzucker bestreuen. Bei Zimmertemperatur trocknen lassen.

## *Rohkostkugeln*

*100 g Dörrzwetschken • 200 g getrocknete Äpfel • 200 g getrocknete Feigen • 100 g Aranzini • 25 g Zitronat • ein Schuß Marillenschnaps • 250 g geriebene Mandeln oder Nüsse • etwas Zimt • 1 Päckchen Vanillezucker • 250 g Schokolade zum Tunken*

Die Früchte am besten faschieren oder klein hacken, die restlichen Zutaten beimischen und kleine Kugeln formen; diese in erweichter Schokolade tunken und auf einem Gitter trocknen lassen.

## *Mokka-Mandel-Konfekt*

*200 g geschälte Mandeln • 170 g kristallisierter Honig • 2 EL Haferflocken • 3 EL starker Kaffee • 1 EL Kakao*

KONFEKT

Mandeln mit den Haferflocken in einem Cutter oder mit einem Mixstab mahlen; den Honig und die restlichen Zutaten einrühren; kleine Kugeln oder Stangerln formen.

**MEIN TIP:** Das Konfekt in Kokosette oder Staubzucker wälzen! Es können auch kandierte, gehackte Früchte unter die Masse gemischt werden.

Kekserlzeit

BÄCKEREIEN

# Bäckereien-Rezepte

## *Hirsekekse*

*250 g Hirsemehl • 150 g Butter • 2 Eier • 4 EL Vollrohrzucker • 3 EL Dinkelmehl*

Alle Zutaten zusammenmischen und mit einem Löfferl kleine Häufchen auf ein befettetes Backblech setzen, anschließend ca. 10 Min. bei 180° C backen.

**MEIN TIP:** Mit Ingwer, Rosinen oder Anis verfeinern!

### *WISSENSWERTES – HIRSE*

Hirse stammt aus Zentralasien und ist ein sehr altes Getreide. Die kleinen gelben Körner sind von einer sehr harten Schale umgeben, die sie im Extremfall mehrere Jahre lagerfähig macht. Die Spelzen und die Fruchtschale müssen vor dem Verzehr entfernt werden, da sie unverdaulich sind. Aufgrund der goldgelben Farbe wird die geschälte Hirse auch als „Goldhirse" bezeichnet.

## Vanillekipferln mit Kürbiskernen

*280 g Mehl • 210 g Butter • 70 g Staubzucker • 100 g gemahlene Kürbiskerne*

Aus den Zutaten einen glatten Teig bereiten und kühl rasten lassen. Kipferln formen, hell backen und danach in einem Staubzucker-Vanille-Gemisch wälzen.

## Müsliwürfel

*250 g Haferflocken oder Flockenmischung • 50 g grobgehackte Nüsse • 50 g Sonnenblumenkerne • 50 g Sesam • 50 g Honig • 125 ml Apfelsaft oder Orangensaft • 125 g Butter • 2 Eier • 50 g Trockenfrüchte (Marillen, Rosinen, Pflaumen…) • ev. 2 cl Rum*

Flocken, Nüsse, Sonnenblumenkerne, Sesam, Honig, Apfelsaft, zerlassene Butter, Dotter, feingehackte Trockenfrüchte und Rum vermischen. Eiweiß zu Schnee schlagen und unter die Masse heben. Entweder in einen Spritzsack (ohne Tülle) füllen und auf ein mit Backpapier belegtes Blech Krapferln spritzen oder die Masse aufstreichen und bei 180° C ca. 20 Min. backen, danach in kleine Würfel schneiden.

**MEIN TIP:** Nach dem Auskühlen eventuell mit Schokolade bestreichen.

## Vollkorn-Kürbis-Krapferln

*130 g Kürbis • 100 g geriebene Mandeln • 150 g Butter • 100 g Staubzucker • 300 g feingemahlenes Vollkornmehl • Zimt nach Geschmack • Nelken nach Geschmack • 2 EL Milch • Ribiselmarmelade zum Füllen*

Kürbis fein raspeln und mit den restlichen Zutaten zu einem Teig verkneten, diesen ca. 1 Stunde kühl rasten lassen. Anschließend kleine Kugerln formen, etwas flach drücken und auf ein mit Backpapier ausgelegtes Blech setzen, mit einem Kochlöffelstiel eine Vertiefung eindrücken; bei 180° C ca. 10–15 Min. backen.
Marmelade verrühren und in die Vertiefung einfüllen.

**MEIN TIP:** Zum schnelleren Füllen der Krapferln empfiehlt sich, die Marmelade in einen Spritzsack mit kleiner Tülle zu füllen und die Krapferln so zu füllen. Dieser Teig eignet sich auch sehr gut zum Ausstechen verschiedener Formen und Figuren!

## *WISSENSWERTES – AUS DER BACKSTUBE*

Bereits die Römer besaßen ausgebildete Konditoren, obwohl man damals noch keinen Zucker kannte; sie behalfen sich mühsam mit Honig. Diese Honig-Konditorei verstand es, alle möglichen Figuren und Kreationen zu zaubern; dies geht aus einem Zeugnis des römischen Dichters Martial hervor, welcher unter den Kaisern Domitian und Trajan lebte, ca. 70–100 n. Chr.

*Er schrieb:*
***Pistor dulciarius.***
***Mille tibi dulces operum manus ista figuras***
***Exstruit. Huic uni parca laborat apis.***

*Übersetzt:*
***Der Konditor.***
***Tausend süße Figuren von Gegenständen baut dir diese Hand auf.***
***Für ihn allein arbeitet die sparende Biene.***

## *Mohn-Topfen-Kekse*

*75 g Weizenmehl • 50 g gemahlener Mohn • 100 g Butter • 50 g Topfen • 75 g Crème fraîche (= 1/2 Becher) • 35 g Honig • Zimt nach Geschmack • 1 Päckchen Vanillezucker • Schokolade zum Glasieren • Marmelade zum Füllen*

Alle Zutaten zu einem Teig verarbeiten und im Kühlschrank 1 Stunde rasten lassen. Den Teig danach ca. 5 mm dick ausrollen und Formen ausstechen, diese auf ein befettetes oder mit Backpapier ausgelegtes Backblech geben und bei 180° C ca. 12 Min. backen. Auskühlen lassen, jeweils zwei Kekse mit Marmelade zusammensetzen und mit Schokolade glasieren oder mit Staubzucker bestreuen.

## *Zwetschken-Honig-Kekse*

*100 g getrocknete Zwetschken • 3 EL Honig • 2 EL Butter • 2 EL Wasser • 2 Dotter • Zimt nach Geschmack • 75 g Dinkelmehl • 75 g Weizenmehl • 1 Messerspitze Backpulver • 100 g gemahlene Nüsse oder Mandeln*

Zwetschken faschieren oder klein hacken.
Butter mit Honig verrühren, Dotter einrühren, danach die restlichen Zutaten untermischen. Den Teig ca. 1 Stunde kalt stellen, danach ca. 5 mm dick ausrollen, Formen ausstechen, diese mit Eiweiß bepinseln und mit Nüssen oder Mandeln verzieren und bei 180° C ca. 15 Min. backen.

## *Kokos-Nuß-Busserln*

*3 EL Honig • 3 Eiweiß • 100 g Kokosette • 150 g gemahlene Nüsse • 2 EL Staubzucker*

Eiweiß mit Honig zu Schnee schlagen und die restlichen Zutaten unterheben. Mit einem Spritzsack kleine Krapferln auf ein mit Backpapier ausgelegtes Blech setzen und im Rohr bei ca. 150° C trocknen lassen.

**MEIN TIP:** Anstelle der Nüsse können auch gemahlene Mandeln oder gemahlene Kürbiskerne verwendet werden.

## *WISSENSWERTES – HONIG*

Der griechischen Mythologie nach retteten die Bienen dem jungen Zeus das Leben, indem sie ihn mit Nahrung versorgten. Als Dank stattete Zeus sie mit hoher Intelligenz aus.
Honig hat eine stärkere Süßkraft als Zucker, das heißt: 300 g Zucker = 250 g Honig!
Beim Backen mit Honig sollte immer etwas Backpulver oder ein Eßlöffel Sauerrahm verwendet werden, das neutralisiert die Säure und läßt das Backgut schön aufgehen!

## *Kokos-Kipferln*

*180 g Mehl • 100 g Butter • 1 Päckchen Vanillezucker • 50 g geriebene Mandeln • 1 Dotter • 60 g Honig • Kokosette zum Wälzen*

Aus allen Zutaten bis auf das Kokosette einen Teig bereiten und im Kühlschrank ca. 1/2 Stunde rasten lassen. Danach Kipferln formen, auf ein befettetes und bemehltes Backblech legen und im Rohr bei 180° C backen, bis die Kipferln leicht braun sind; anschließend noch heiß in Kokosette wälzen.

BÄCKEREIEN

## Rahmkekse

*200 g Butter • 200 g Honig • 2 Dotter • 7 EL Schlagobers • 1 Päckchen Vanillezucker • 250 g Dinkelmehl • 250 g Weizenmehl • 1 Messerspitze Backpulver • gehobelte Mandeln zum Bestreuen*

Aus den Zutaten einen Mürbteig bereiten und ca. 1 Stunde kühl stellen.
Den Teig ca. 4–5 mm dick ausrollen und Formen ausstechen, diese mit Eiweiß bestreichen, mit Mandeln bestreuen und im Rohr bei 180° C goldbraun backen.

**MEIN TIP:** In den Teig 3 EL Kakaopulver untergemischt, ergibt herrliche Schokoladenkekse! Die Rahmkekse können auch mit Marmelade zusammengesetzt werden.

## Kürbis-Buchweizen-Eckerln

*150 g Buchweizenmehl • 150 g Weizenmehl • 200 g Honig • 100 g gehackte Kürbiskerne • 1 Messerspitze Backpulver • 1 Päckchen Vanillezucker • 70 g Butter • 1 Eiweiß zum Bestreichen*

Aus den Zutaten rasch einen Mürbteig bereiten und diesen ca. 1 Stunde kühl stellen. Den Teig danach ca. 4–5 mm dick ausrollen und kleine Dreiecke ausschneiden; mit Eiweiß bestreichen, auf ein Backblech geben und im Rohr bei 180° C goldbraun backen.

## Kokosschnitten

*150 g Dinkelmehl • 200 g Weizenmehl • 150 g Honig • 150 g Butter • 2 Dotter • 1 Päckchen Vanillezucker • Marmelade zum Bestreichen*

***Kokosmasse:*** *3 Eiweiß • 200 g Kokosette • 2–3 EL Honig*

Aus den Zutaten einen Mürbteig bereiten, diesen ca. 1 Stunde im Kühlschrank rasten lassen; anschließend ca. 6 mm dick ausrollen, auf ein Backblech legen und bei 180° C ca. 10 Min. vorbacken.
Für die Kokosmasse das Eiweiß mit Honig zu Schnee schlagen und zum Schluß das Kokosette unterheben. Den vorgebackenen Teig mit Marmelade bestreichen, die Kokosmasse darauf verteilen und nochmals backen, bis das Kokosette eine goldbraune Farbe angenommen hat. Nach dem Auskühlen in Rauten, Stangerln oder Quadrate schneiden.

## *Husarenkrapferln*

*150 g Vollkornmehl • 150 g Weizenmehl • 100 g Butter • 50 g Honig • 1 Ei • Eiweiß zum Besteichen • Marmelade zum Füllen • gemahlene Nüsse oder Mandeln zum Bestreuen*

Aus Mehl, Butter, Honig und Ei einen Teig bereiten und 1/2 Stunde kühl rasten lassen. Daraus kleine Kugeln formen und in der Mitte eine Vertiefung eindrücken; mit Eiweiß bestreichen und bei 180° C goldbraun backen. In die Vertiefung etwas Marmelade füllen.

## *Kaffeekrapferln*

*250 g Mehl • 130 g Butter • 2 Dotter • 1 EL flüsssiges Schlagobers • 1 KL lösliches Kaffeepulver • 80 g Staubzucker • 100 g geriebene Mandeln oder Nüsse • 1 Messerspitze Backpulver*

***Fülle:*** *50 g Butter • 100 g Staubzucker • 1 Dotter • 50 g gemahlene Nüsse • 1 EL gemahlener Kaffee*

BÄCKEREIEN

BÄCKEREIEN

Alle Zutaten rasch zu einem Mürbteig verarbeiten und ca. 1 Stunde kalt stellen. Den Teig auswalken, runde Formen ausstechen und auf einem befetteten und bemehlten Backblech bei 170 ° C goldbraun backen.
Für die Fülle die Butter schaumig rühren und die restlichen Zutaten hinzufügen; jeweils zwei Krapferln damit füllen und mit einer Kaffee-Zucker-Glasur glasieren, eventuell mit einer Mokkabohne verzieren.

## Schokoladekrapferln

*150 g Butter • 300 g Staubzucker • 150 g geriebene Nüsse • 150 g geriebene Schokolade*

Butter mit Staubzucker schaumig rühren, die restlichen Zutaten beimengen und kleine Kugeln formen, diese auf ein befettetes und bemehltes Backblech setzen und bei 150° C so lange backen, bis an der Oberfläche kleine Risse entstehen.

## Haselnuß-Spritzgebäck

*100 g Haselnüsse • 200 g Butter • 2 Dotter • 150 g Honig • 300 g Mehl • 1 Päckchen Vanillezucker*

Butter mit Honig und Vanillezucker schaumig rühren, danach die Dotter unterrühren; zum Schluß das Mehl unterheben. Mit einem Spritzsack (Sterntülle) Krapferln, Stangerln oder Ringerln spritzen und auf einem befetteten und bemehlten Backblech bei 180° C backen, bis das Spritzgebäck Farbe angenommen hat.

**MEIN TIP:** Das fertige Spritzgebäck auf einer Seite in Schokolade tunken!

*Ingwerkekse mit Zitronenglasur*



## Ingwerkekse

*200 g Mehl • 1 Messerspitze Backpulver • 4 EL Honig • 3 TL gemahlener Ingwer • 50 g Butter*

Alle Zutaten zusammenmischen und zu einem Mürbteig verarbeiten; anschließend im Kühlschrank 1 Stunde rasten lassen. Den Teig ca. 1/2 cm dick ausrollen, Formen ausstechen, auf ein befettetes und bemehltes Backblech legen und bei 180° C goldbraun backen. Jeweils zwei Kekse mit Ribiselmarmelade zusammensetzen und mit Staubzucker bestreuen.

## Nußkrapferln mit weißer Schokolade

*100 g Butter • 100 g Zucker • 1 Ei • 100 g Walnüsse • 150 g Mehl • 200 g weiße Schokolade*

***Fülle:*** *100 g Butter • 70 g Honig • 15 g gemahlene Walnüsse • 1 EL Rum*

Die Zutaten rasch zu einem Teig verkneten, Scheiben ausstechen, auf ein befettetes und bemehltes Backblech legen und bei 180° C goldbraun backen, danach auskühlen lassen. Für die Fül-

BÄCKEREIEN

*Einfaches Glasieren der Nußkrapferln*

*Zum Abtropfen aufgelegt*

*Die Vollendung – eine Walnuß*

le alle Zutaten schaumig rühren und je zwei Scheiben mit dieser Creme zusammensetzen. Weiße Schokolade erweichen und die gefüllten Kekse glasieren, zum Schluß ein Tupferl Creme und eine ganze Walnuß daraufsetzen.

## *Rahmsterne*

*70 g Butter • 50 g Zucker • 1 Ei • 25 g geriebene Nüsse • Zimt nach Geschmack • 1/16 l saurer Rahm • 250 g Mehl • 1 Eiweiß • Öl oder Butterschmalz zum Backen • Staubzucker zum Bestreuen • Ribiselmarmelade zum Füllen*

Butter mit Zucker und Ei schaumig rühren. Mandeln, Zimt, den sauren Rahm und 1/3 des Mehls unterrühren. Das restliche Mehl unterkneten. Den Teig im Kühlschrank 60 Min. rasten lassen. Anschließend auf einer bemehlten Arbeitsfläche 1/2 cm dick ausrollen und Sterne oder andere Weihnachtsfiguren ausstechen.

Bei den Sternchen jeweils zwei mit Eiweiß bepinseln und zusammensetzen, in der Mitte mit dem Holzlöffel andrücken; Butterschmalz oder Öl auf 175° C erhitzen und die Sternchen ca. 4–5 Min. darin herausbacken.

Das Gebäck danach mit einem Schöpfer herausnehmen, abtropfen lassen und mit dem Staubzucker bestäuben, in die Mitte einen Marmeladetupfer geben.

*Die „anderen" Kekse aus Mohn und Topfen*

BÄCKEREIEN

## Vollkornspritzgebäck

*125 g Butter • 100 g Honig • 1 Dotter • Zitronenschale von einer 1/2 unbehandelten Zitrone • Rum nach Geschmack • 200 g Vollkornmehl*

Butter schaumig rühren und die anderen Zutaten nacheinander unterrühren.
Mit einer Spritztülle auf ein mit Backpapier ausgelegtes Backblech spritzen und bei 190° C ca. 20 Min. backen.

## Haferflockenkekse

*125 g Butter • 125 g Staubzucker • 1 Päckchen Vanillezucker • 1 Ei • 100 g gemahlene Nüsse • 100 g Haferflocken • 100 g Mehl • 1 Messerspitze Backpulver*

Butter mit Zucker und Vanillezucker schaumig rühren, danach das Ei zügig untermengen, anschließend die restlichen Zutaten einrühren. Kleine Kugeln formen, auf ein befettetes und bemehltes Backblech setzen und bei 190° C goldgelb backen.

**MEIN TIP:** Die fertigen Kekse eventuell mit Zitronen-Eiweiß-Glasur bestreichen!

## Vanillekipferln

*300 g Mehl • 250 g Butter • 100 g Staubzucker • 100 g geriebene Nüsse oder Mandeln • Staubzucker und 1 Päckchen Vanillezucker zum Wälzen*

Alle Zutaten rasch zu einem Teig verarbeiten und eine 1/2 Stunde im Kühlschrank rasten lassen. Danach eine Rolle formen und klei-

*Traditionelle Herstellung von Vanillekipferln*

BÄCKEREIEN

ne Stückerln abschneiden, daraus Kipferln formen, auf ein Backblech legen und bei 180° C goldbraun backen; noch heiß in einem Staubzucker-Vanille-Gemisch wälzen.

**MEIN TIP:** Wenn Sie Nüsse und Mandeln mischen, haben Sie ein besonders herrliches Geschmackserlebnis.

## *Kokosbusserln*

*3 Eiweiß • 100 g Kristallzucker • 50 g Staubzucker • 230 g Kokosette • 1 KL Zitronensaft*

Eiweiß mit Kristallzucker zu Schnee schlagen, Zitronensaft einrühren; abwechselnd den Staubzucker mit dem Kokosette vorsichtig unterheben.
Mit einem Spritzsack kleine Krapferln auf ein mit Backpapier ausgelegtes Backblech setzen und bei 150° C hellbraun backen; nicht zulange backen, dann bleibt die Bäckerei lange weich.

**MEIN TIP:** Die Krapferln eventuell auf kleine runde Oblaten setzen und backen!

# Bäckereien

*Zutaten für Kokosbusserln*

*Nuß- und Kokosbusserln*

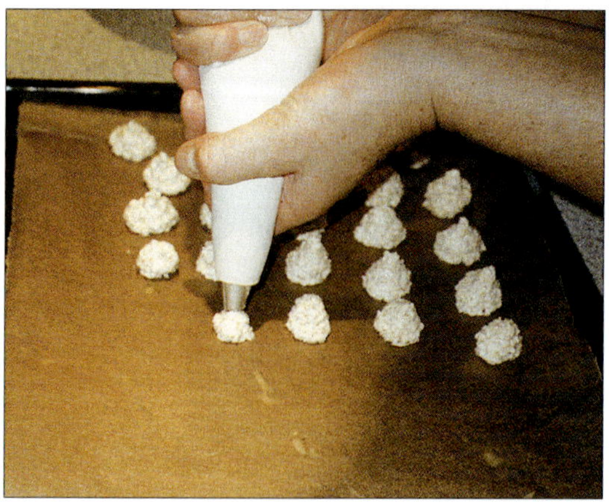

*Schnelle Herstellung von Kokosbusserln*

## *Feigen-Kokos-Schnitten*

*1 Kranz getrockneter Feigen • 50 g Staubzucker • 40 g Honig • 100 g Butter • 300 g Weizenmehl • 100 g Dinkelmehl • 3 Eier • Backpulver • 125 ml Milch • Schokolade zum Glasieren • Kokosette zum Wälzen*

Feigen faschieren.
Butter mit Zucker und Honig schaumig rühren, nach und nach die Eier untermengen und zum Schluß die restlichen Zutaten unterheben. Auf ein befettetes Backblech streichen und bei 200° C ca. 20 Min. backen.
Noch warm in Streifen und Würfel schneiden, überkühlen lassen, in Schokolade tunken und in Kokosette wälzen.

## *Vollkorn-Most-Stangerln*

*280 g Butter • 320 g Vollkornmehl • 3 EL Most • 2 EL Sauerrahm • 1 Dotter • 1 Messerspitze Backpulver*

***Glasur:*** *2 Eiweiß • 100 g Honig*

Die Zutaten rasch zu einen Mürbteig verarbeiten und diesen ca. 1 Stunde im Kühlschrank rasten lassen. Aus Eiweiß und Honig einen festen Schnee bereiten und auf dem ausgerollten, in Streifen (2 x 5 cm) geschnittenen Teig verteilen, anschließend im Rohr bei 200° C goldbraun backen.

## *Mostmuffins mit Birnen*

*175 g Butter • 150 g Staubzucker • 3 Eier • 250 g Mehl • 1 Messerspitze Backpulver • 80 ml Most • 4 EL geriebene Nüsse • 230 g kleingeschnittene Birnen*

BÄCKEREIEN

BÄCKEREIEN

Butter mit Staubzucker schaumig rühren, nach und nach die Eier untermengen; Mehl, Backpulver und Most zur Masse geben und zum Schluß die geriebenen Nüsse und die kleingeschnittenen Birnen unterheben. Den Teig (ca. jeweils 1 EL) in Pralinenförmchen füllen und bei 180° C ca. 20–25 Min. backen.

**MEIN TIP:** Anstelle der Nüsse können auch Getreideflocken oder Cornflakes verwendet werden. Statt der Birnen können Sie auch Äpfel, Zwetschken oder Beeren verwenden.

## Mostecken mit Minze

*200 g Butter • 100 g Staubzucker • 100 g Kristallzucker • 4 Eier • 250 ml Most • 400 g Mehl • 1 Messerspitze Backpulver • 3 EL gehackte Minzeblätter • Schokolade zum Glasieren*

Butter mit Staubzucker schaumig rühren, nach und nach die Dotter einmengen, die Hälfte des Mehls und den Most dazugeben. Eiweiß mit Kristallzucker zu Schnee schlagen und mit dem restlichen Mehl und den gehackten Minzeblättern unter die Masse heben.

Den Teig auf ein mit Backpapier ausgelegtes Backblech streichen und bei 170° C goldbgelb backen. Anschließend auskühlen lassen, mit Schokolade glasieren und in Dreiecke schneiden.

## Schokolade-Mostkekse mit Schneehaube

*280 g glattes Mehl • 280 g Butter • 1 Dotter • 4 EL Most • 10 g Kakaopulver • 2 EL Schlagobers*

***Schneehaube:*** *1 Eiweiß • 100 g Staubzucker*

Das Eiweiß mit dem Staubzucker zu Schnee schlagen.

***Zubereitung Kekse:*** Aus den Zutaten einen Mürbteig bereiten und ca. 1 Stunde rasten lassen. Den Teig ausrollen, mit einem runden Ausstecher kleine Formen ausstechen, auf ein Backblech setzen und mit einem Spritzsack ein erbsengroßes Stück Eischnee aufdressieren. Im vorgeheizten Backrohr bei ca. 140°–150° C nicht zu dunkel backen.

BÄCKEREIEN

## Gebackene Mosteckerln

*600 g Mehl • 250 ml Most • 2 Dotter • 70 g flüssige Butter • Öl zum Backen • Staubzucker zum Bestreuen*

Most mit Dottern und Butter versprudeln; mit Mehl zu einem glatten Teig verkneten, anschließend eine 1/2 Stunde im Kühlschrank rasten lassen. Den Teig danach ca. 3 mm dick ausrollen und in kleine Rechtecke schneiden. Diese in heißem Öl herausbacken und mit Staubzucker bestreuen.

**MEIN TIP:** Die Mosteckerln können auch mit einem Zimt-Zucker-Gemisch bestreut werden!

## Dinkel-Most-Kekse

*250 g Butter • 125 g Dinkelmehl • 125 g Weizenmehl • 4 EL Most • 1 Ei zum Bestreichen • Staubzucker-Vanillezucker-Geschmisch zum Wälzen*

Alle Zutaten rasch zu einem Teig verarbeiten und eine 1/2 Stunde kühl rasten lassen. Den Teig ca. 1/2 cm dick ausrollen und mit einem runden Keksausstecher Kreise ausstechen; diese in der Mitte mit Marillen- oder Ribiselmarmelade füllen, den Rand mit Ei bestreichen und zu Halbmonden zusammenklappen; auf ein Backblech legen und bei 180° C goldbraun backen. Die fertig gebackenen Kekse in einem Staubzucker-Vanillezucker-Gemisch wälzen.

BÄCKEREIEN

## WISSENSWERTES – MOST

*Dös beste Getränk, wann i wiadawöll denk;*
*Wann i nur a wenig kost, is allweil der Most!*
*(Franz Stelzhammer)*

Bereits vor 2000 Jahren wußten die Kelten, wie man aus Äpfeln und Birnen einen wunderbaren Saft verarbeiten kann. Dank Maria Theresia wurde der Anbau von Mostobstbäumen im 18. Jhdt. intensiv gefördert.
Most ist aber auch nicht gleich Most – dies ist nicht nur eine Frage der Qualität; es existiert eine Palette an verschiedenen Geschmacksrichtungen. So gibt es den leicht süßlichen, den trockenen, den angenehm herben („hopt a wengal am Gaumen"), den milden, zarten und den reschen mit frischer Säure.
Auf alle Fälle würde auch ich heute so handeln wie einst Martin Luther zu schreiben pflegte:

*Wenn ich wüßte, daß morgen die Welt unterginge,*
*würde ich heute noch ein Apfelbäumchen setzen.*

## Verzierter Lebkuchen

*500 g Roggenmehl • 250 g Rohzucker • 250 g Honig • 3 Eier • 1/16 l Kaffee • 1/2 Päckchen Lebkuchengewürz • 2 TL Natron • Saft von 1/2 Zitrone*

Alle Zutaten zu einem festen Teig verkneten, Formen ausstechen, mit Ei bestreichen und mit Mandeln belegen oder nach dem Backen mit Spritzglasur verzieren.

***Eiweißspritzglasur:** 1 Eiweiß • ca. 200–250 g Staubzucker • etwas Zitronensaft*

1 Eiweiß mit 200–250 g gesiebtem Staubzucker schaumig rühren und etwas Zitronensaft hinzufügen.

**MEIN TIP:** Zitronensaft empfiehlt sich deswegen, weil die Spritzglasur dadurch einen schönen weißen Glanz erhält!

## *Lebkuchenhaus*

*900 g Roggenmehl • 500 g Rohzucker oder Staubzucker • 3 TL Natron • geriebene Schale von 1 unbehandelten Zitrone • 2 Päckchen Lebkuchengewürz • 80 g Honig • 5–6 Eier*

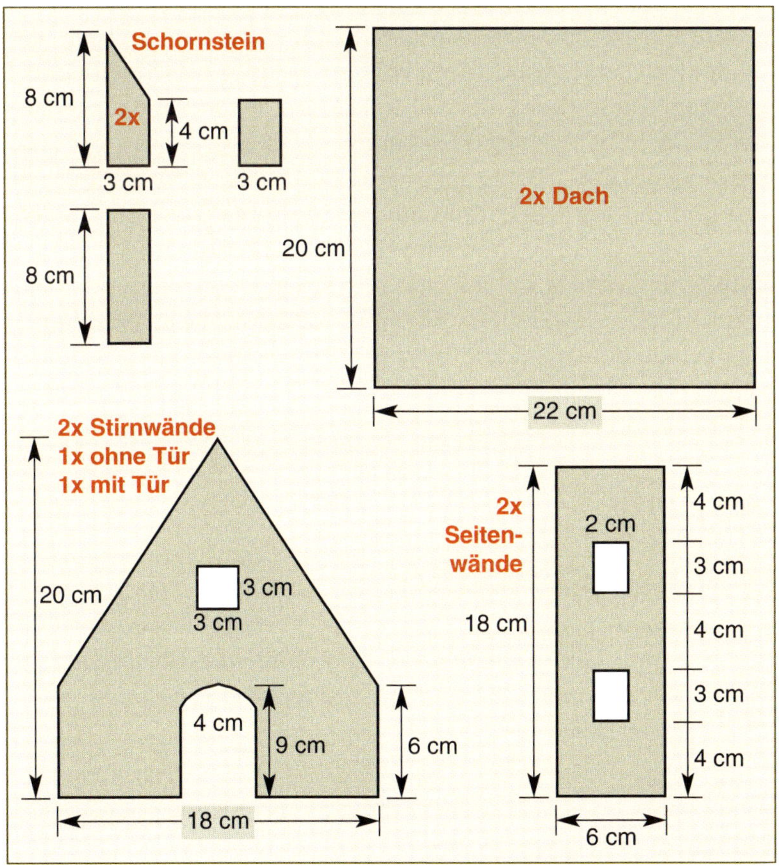

BÄCKEREIEN

*Auch als Geschenk eine nette Idee*

Alle Zutaten rasch zu einem Teig verkneten und ca. 30 Min. rasten lassen. Ca. 1/2 cm dick ausrollen, die gewünschten Formen ausschneiden (Fenster und Türen vor dem Backen ausschneiden und gesondert mitbacken), mit Ei bestreichen, eventuell mit geschälten Mandeln belegen und backen.
Die Bodenplatte beliebig auswalken und backen. Hauswände setzen und die restlichen Teile mit weißer Spritzmasse zusammensetzen. (Rezept siehe „Verzierter Lebkuchen“, S. 112.)
Zum Schluß das Haus mit kandierten Früchten, Rosinen oder kleinen Lebkuchen bekleben und mit Eiweißspritzglasur verzieren.
Das Lebkuchenhaus kann man mit Tannenbäumchen, Brunnen, Tieren oder einem Zaun nett verzieren.

## *Apfelbrot*

*500 g Vollkornmehl • 500 g Weizenmehl • 2 Päckchen Backpulver • 200 g Rohzucker • 1 1/2 kg geriebene Äpfel • 1 Päckchen Lebkuchengewürz • Zimt nach Geschmack • 70 g Rosinen • 100 g geschnittene Dörrpflaumen • 1 Schuß Rum*

Alle Zutaten gut miteinander verkneten und 2 Laibe oder Wecken formen, diese ca. 60 Min. bei 170–180° C backen.

## *Gefüllter Lebkuchen*

***Teig:*** *350 g Roggenmehl • 250 g Rohzucker • 1–2 EL Honig • 1 TL Natron • 3 ganze Eier • 1/2 Päckchen Lebkuchengewürz*

***Fülle:*** *100 g Marmelade • 100 g Nüsse • 100 g Rosinen • 75 g gedörrte Feigen*

***Glasur:*** *50 g Zucker • 2 EL Wasser*

Aus Zucker, Mehl, Honig, Eiern, Natron und Lebkuchengewürz eine Teig kneten und im Kühlschrank eine 1/2 Stunde rasten lassen.
Nüsse, Rosinen und Feigen klein schneiden oder hacken und mit der Marmelade verrühren.
Den Teig in zwei Teile teilen und ausrollen; einen Teigteil auf ein befettetes Backblech legen und mit der Fülle bestreichen, den zweiten Teil darauflegen, den Teig mehrmals mit einer Gabel einstechen und bei 180° C 35–45 Min. backen. In der Zwischenzeit die Glasur bereiten. Dazu läßt man den Zucker mit 2 EL Wasser aufkochen und bestreicht den Lebkuchen damit noch heiß.

## *Karottenlebkuchen*

*150 g Dörrzwetschken • 250 g gedörrte Feigen • 100 ml Rum • 120 g Butter • 40 g Honig • 3 Dotter • 300 g Zucker • 125 ml Wasser • 40 g Marillenmarmelade • 150 g geriebene Nüsse • 150 g geriebene Karotten • 500 g Roggenmehl • 3 Päckchen Natron*

***Glasur:*** *250 g gesiebter Staubzucker • Saft von 1 Zitrone*

Zwetschken und Feigen mit Rum vermischen und über Nacht ziehen lassen. Butter mit Honig und Dottern schaumig rühren. Zucker und Wasser zum Kochen bringen und ca. 1 Min. kochen lassen,

BÄCKEREIEN

kurz überkühlen und vorsichtig in die Dottermasse rühren. Die Zwetschken und Feigen klein schneiden oder faschieren und mit den restlichen Zutaten verrühren. Den Teig auf ein befettetes, bemehltes Backblech streichen und bei ca. 180° C ca. 35 Min. backen.
Für die Glasur Staubzucker und Zitronensaft verrühren und den noch warmen Lebkuchen damit bestreichen, danach erkalten lassen und in gefällige Stücke schneiden.

## *Schnittlebkuchen*

*280 g glattes Mehl • 250 g Rohzucker • 2 EL Honig • 2 EL Rum • 1 Messerspitze Natron • 2 Eier • 100 g Haselnüsse • 50 g Aranzini • Zimt nach Geschmack • Nelkenpulver nach Geschmack*

Aus den Eiern und dem Zucker einen Abtrieb bereiten und die restlichen Zutaten einrühren; den Teig danach fingerdick ausrollen und bei 180° C ca. 25–35 Min. backen.
Noch heiß mit Zitronenglasur überziehen.

***Glasur:*** *150 g Staubzucker • Saft von 1 Zitrone • 1 EL heißes Wasser*

Alles Zutaten am Herd erwärmen, bis die Glasur dicklich ist.

**MEIN TIP:** Den ausgerollten Teig auf Oblaten legen und backen!

## *Figurenlebkuchen*

*280 g Roggenmehl • 180 g Rohzucker • 1 Ei • 1 Dotter • 85 g Honig • 1 KL Natron • 1 Päckchen Lebkuchengewürz*

*Herrlich duftende Lebkuchenbäckerei*

BÄCKEREIEN

Alle Zutaten rasch zu einem Teig verarbeiten; in eine Frischhaltefolie einwickeln und über Nacht im Kühlschrank rasten lassen. Den Teig danach ausrollen, Figuren ausstechen, mit Eiweiß bestreichen, eventuell mit Mandeln, kandierten Kirschen u. ä. verzieren und bei 180° C ca. 25–35 Min. backen.

## Adventbrot

*60 g Zitronat • 60 g Aranzini • 60 g Mandeln • 6 EL Rum • 5 Eiweiß • 70 g Honig • 30 g Maizena • 180 g Butter • 100 g Staubzucker • 5 Dotter • 200 g Mehl*

Das gewürfelte Zitronat, die gewürfelten Aranzini und die grobgehackten Mandeln einige Stunden in Rum einlegen. Aus dem Honig, Staubzucker, der Butter und den Dottern einen Abtrieb bereiten; Eiweiß zu Schnee schlagen. Abwechselnd Schnee, Mehl, Maizena und die eingelegten Früchte unterheben. In eine befettete, bemehlte Form füllen und bei 170° C ca. 40 Min. backen.

*Variationen großer und kleiner Topfenstollen*

## *Topfenstollen*

*150 g Butter • 40 g Honig • 100 g Zucker • 1 Päckchen Vanillezucker • 3 Eier • 250 g Topfen • Saft von 1 Zitrone und 1 Orange • 120 g Rosinen • 300 g gewürfelte Aranzini und gewürfeltes Zitronat • 600 g Mehl • 2 Messerspitzen Backpulver • Butter zum Bestreichen • Staubzucker zum Bestreuen*

Butter mit Zucker, Honig und Vanillezucker schaumig rühren; das Ei zügig unterrühren, anschließend den Topfen sowie den Orangen- und Zitronensaft dazurühren, das Mehl mit Backpulver mischen und darüberstreuen.
Rosinen, zerkleinerte Aranzini und Zitronat beigeben und den Teig fest durchkneten. Zu einem Stollen formen, auf ein befettetes und bemehltes Blech legen und bei 200° C ca.70 Min. backen.
Nach 50 Min. ev. mit Alufolie abdecken. Noch warm mit zerlassener Butter bestreichen und mit Staubzucker bestreuen.

# *Kletzenbrot*

*30 g Germ • 125 ml Milch • 2 Dotter • 50 g Honig • 1 Päckchen Vanillezucker • Schale von 1½ unbehandelten Zitrone • 200 g Butter • 550 g glattes Mehl*

***Fruchtmischung:** 400 g Kletzen • 400 g getrocknete Feigen • 200 g Dörrzwetschken • 200 g Rosinen • 200 g geriebene Haselnüsse • 125 ml Birnenbrand • 20 g Hefe • 3 EL Milch • 100 g Staubzucker • 50 g Weizenmehl • 50 g Dinkelmehl*

Kletzen, Feigen und Zwetschken über Nacht in kaltem Wasser einweichen. Die Früchte im Einweichwasser weich kochen, abschrecken und abtropfen lassen, anschließend kleinwürfelig schneiden und mit Rosinen, Nüssen und Birnenbrand mischen. Die Masse anschließend zudecken und 2 Stunden stehen lassen.
Die Hefe in der Milch auflösen und mit Zucker und Mehl verrühren. Die marinierten Früchte dazugeben und mit dem Teig gut verkneten. Die Früchtemischung zu sechs rechteckigen Ziegeln formen und auf einem mit Mehl bestaubten Brett in den Kühlschrank stellen.

***Für den Teigmantel:*** Hefeteig bereiten, in sechs Teile teilen und ca. 1/4 Stunde kalt stellen.
Die Hefeteigsechstel nacheinander ca. 2 mm dick rechteckig ausrollen und mit verquirltem Dotter bestreichen.
Je einen Früchteziegel in die Mitte legen und in Germteig einschlagen. Das Früchtebrot danach mit der Naht nach unten auf das Backblech setzen.
Die Brote mit versprudeltem Dotter bestreichen und bei Zimmertemperatur stehen lassen, bis die Oberfläche trocken ist.
Anschließend mit einer Gabel mehrmals einstechen und im vorgeheizten Backrohr bei 160° C ca. eine 3/4 Stunde backen.

**MEIN TIP:** Für die Fruchtmischung kann man auch andere Zutaten verwenden, z. B. Mandeln, Haselnüsse, Datteln u. ä. Läßt man das Fruchtgemisch über Nacht in Rum oder Schnaps ziehen, erhält es einen intensiveren Geschmack.

BÄCKEREIEN

Als Füllteig kann jeder beliebige Brotteig oder Germteig verwendet werden.
Je größer der Striezel oder der Laib ist, desto niedriger die Backtemperatur und desto länger die Backzeit.
Anstelle des Alkohols kann auch Apfel- oder Birnensaft verwendet werden.

# WISSENSWERTES – „BRAUCHTUM UND TRADITION“ – WEIHNACHTSBÄCKEREI

BÄCKEREIEN

Zur Wintersonnenwende am 21. Dezember (die Tage werden wieder länger – längste Nacht im Jahr) mußte man einst als Opfergabe für den Wintersonnengott ein Tier opfern. Wer kein Tier hatte, machte zur damaligen Zeit aus Lebkuchen Tierformen und opferte diese. Diese „Tierlebkuchen“ sind die Vorboten für die heute so beliebte Weihnachtsbäckerei. Darum findet man auch heute noch Tierformen aller Art als Keksausstecher.

Bereits im 16. Jahrhundert wurde Lebkuchenbäckerei als Handwerkskunst betrieben; dazu zählte auch, als Meisterwerk, das Kerzen und Wachsmodeln: so finden sich heute noch in dem einem oder anderen Haus Holzmodeln.
Es gab den Beruf „Modelschnitzer“; sie arbeiteten nach den verschiedensten Vorlagen und Wünschen.
Die Bauern lieferten den „Lebzeltern“ den Honig, die daraus Lebzelten herstellten und zum Teil auf Kirchweihfesten und Kirtagen verkauften.
Das Speisengeschenk, so findet man es heute noch in alter Tradition auf Kirtagen, war das allzeit beliebte Lebkuchenherz!

Kletzenbrot wurde bereits 1684 erwähnt, es war ein urtümliches Fladenbrot aus Roggenmehl und Dörrbirnen, in besseren Haushalten wurden gehackte Zwetschken verwendet. Um 1925 war es üblich, daß jeder Gast eines Wirtshauses am Stephanitag ein mit Papier eingewickeltes Stück Kletzenbrot bekam.
Das Kletzenbrot wurde später vom Strudelgebäck und diversen Keksen verdrängt. Anschnittag ist heute noch der Stephanitag.

# LITERATUR

„Aus der Backstube“, ÖMIG, 1013 Wien

Diverse „Gusto“-Hefte, Verlag Orac, 1014 Wien

Diverse Haas-Rezeptbücher Linz – Wien

Diverse „Kochen und Küche“-Exemplare, Zeitschriftenverlag GmbH., Wien

„Eisschlemmereien selbstgemacht“, XENOS Verl. GmbH., Hamburg

„Inspiration“, Wiberg-Magazine, Salzburg

„Mostkulinarium“, Landwirtschaftskammer f. OÖ., Linz

Rütting, Barbara, „Mein neues Kochbuch“, Mosaik Verl.GmbH, München 1984

Unterlagen der Landwirtschaftskammer f. OÖ., Linz

# GLOSSAR

| | |
|---|---|
| **Busserln** | kleine runde Plätzchen |
| **Dressieren** | mit einem Spritzbeutel und Tülle in eine bestimmte Form bringen |
| **Eiklar** | Eiweiß |
| **Faschieren** | klein hacken |
| **Glasieren** | Überziehen von Gebäck (z. B. mit Schokolade) |
| **Kletzen** | getrocknete Birnen |
| **Kletzenbrot** | Früchtebrot |
| **Lebkuchengewürz** | Mischung aus Zimt, Orangen- und Zitronenschale, Koriander, Sternanis, Muskatnuß, Muskatblüte, Fenchel, Nelken, Kardamom |
| **Maizena** | Maisstärke |
| **Marillen** | Aprikosen |
| **Maroni** | Edelkastanien |
| **Most** | Apfelwein |
| **Mostsekt** | Sekt aus Apfelwein |
| **Omelette** | Eierkuchen |
| **Schlagobers** | Schlagsahne |
| **Topfen** | Quark |
| **Zwetschke** | Pflaume |

**Abkürzungen**

| | |
|---|---|
| **1 TL** | 1 Teelöffel |
| **1 EL** | 1 Eßlöffel |

# AUS UNSEREM PROGRAMM:

ISBN 3-7020-1004-1

**Aufreiter / Baumgartner / Hauer / Mahringer / Obermayr**

## EINGELEGTE KÖSTLICHKEITEN

### in Essig, Öl & Alkohol

*136 Seiten, zahlreiche Farbabbildungen, Hardcover*

Das Einlegen von Früchten, Gemüse, Käse und Fisch zum Zwecke des Haltbarmachens hat lange Tradition. Hier geht es aber weniger um das Konservieren selbst als vielmehr um die vielfältigen Geschmacksvariationen, die sich durch Kombination mit Gewürzen und den Konservierungsmitteln Essig, Öl, Alkohol, Salz und Zucker erreichen lassen.

**Aus dem Inhalt:**

- **Unser Einlege-ABC**
- **Einlegen in Alkohol**
  Früchte und Gemüse
- **Einlegen in Salz**
  Gemüse, Fische
- **Einlegen in Essig**
  Früchte und Gemüse, Pilze, Fische
  *Angesetzte Essige*
- **Einlegen in Öl**
  Gemüse, Käse, Fische
  *Angesetzte Öle*
- **Einlegen in Zucker**
  Früchte und Gemüse

160 Rezepte für „Eingelegte Köstlichkeiten“

ISBN 3-7020-0789-X

**Marianne Obermair**
**Romana Schneider**

## HALTBARMACHEN

### Gemüse – Kräuter – Pilze

***2. Auflage,*** *144 Seiten, zahlreiche farbige Abbildungen, griffester Umschlag, brosch.*

Von Großmutters Zeiten bis heute: Dieses Buch mit seiner Vielzahl von alten und neuen Rezepten gibt umfassend darüber Auskunft, wie Gemüse, Kräuter und Pilze haltbar gemacht werden können. Es beschreibt u.a. das Einfrieren, Einkochen, Einlegen in Essig, Öl oder Salz, das Einsäuern (z.B. Sauerkraut), das Trocknen (von Kräutern und Pilzen), das Mahlen (von Pilzen und Paprika) sowie das Herstellen von Pasten, Chutneys, Gemüsemarmeladen, Würzölen und -mischungen bis hin zum Einwintern von Frisch- und Wurzelgemüse. Darüber hinaus bringt es noch viele Tips für bäuerliche Direktvermarkter.
Pflichtlektüre für Hausfrauen und -männer, Gartenbesitzer, Pilzsucher und alle, die Wert auf gesunde oder ausgefallene Nahrung legen.

**Bestellen Sie unverbindlich und kostenlos unser Gesamtverzeichnis:**
**A-8011 Graz • Hofgasse 5 • Postfach 438 • Telefon (0 316) 82 16 36**